KB270986

'조성 – 리듬 – 테크닉'의 트리플 트레이닝 **테크닉 스쿨**

# Technique School

## 3

세광음악출판사

## 🌷 이 책의 특징

**1. 현대 테크닉 모션과 웰니스(wellness)**
   콩쿠르와 입시의 핵심, '**무게와 반동**' 주법으로 파워와 스피드를 높여줍니다.

**2. MSL(Multi Sensory Learning) 시청각 교육**
   세계적인 교육 트렌드, **감각 학습법**의 효과! 영상을 통해 올바른 모션과 리듬감을 **저절로 흡수**합니다.

**3. 악보 분석과 테크닉을 동시에 훈련**
   레벨마다 조표의 개수가 늘어나므로 테크닉과 조성 감각이 함께 성장합니다.

**4. 학습 능력까지 키워주는 '메타인지' 연습법**
   정확한 《연습목표》 제시와 《셀프체크》로 자기주도적 연습 습관을 길러줍니다.

**5. 효과적인 에튀드와 테크닉 레퍼토리**
   체르니뿐 아니라, 여러 시대의 연습곡들을 통해 아티큘레이션, 장식음, 페달 테크닉까지 연마합니다.


## 🌷 현대 테크닉 모션

체르니 시대의 피아노는 가벼워서 손가락만으로 연주할 수 있었지만 현대 피아노에서는 반드시
무게와 반동을 활용해야 합니다. **체르니 연습곡을 칠 때도 '현대 테크닉 모션'을 적용해주세요!**

🌷 **무게의 down-up**  소파에 앉듯이 건반에 **무게를 내렸다가 손목 띄우며 다시 준비!**

🌷 **손목 스마일**  😊 손목과 팔을 릴랙스 하고, 손가락의 움직임에 맞게 **정렬**해요.

🌷 **날렵한 엄지**  ✦ 엄지는 송곳처럼 **손톱 옆 끝**으로 날렵하게 이동해요.

🌷 **하이힐**  👡 손끝이 힐을 신은 듯 일어나기! 손끝이 무너지면 리듬감이 없어집니다.

🌷 **로테이션**  앞팔이 시소처럼 **좌우로 회전**하며 고르고, 예쁜 소리를 만들어줍니다.

🌷 **효율적인 바운스**  손끝에 **공이 달린 것처럼** 반동을 주면 음색, 스피드, 파워가 좋아집니다.

 # 5도권: 12개의 장조와 나란한 단조

모든 장조와 단조의 관계를 한눈에 볼 수 있는 도표입니다.

**하논 스케일**을 연습할 때 참고하면 좋습니다. 차차 조성 감각이 생기니 부담 갖지 마세요!

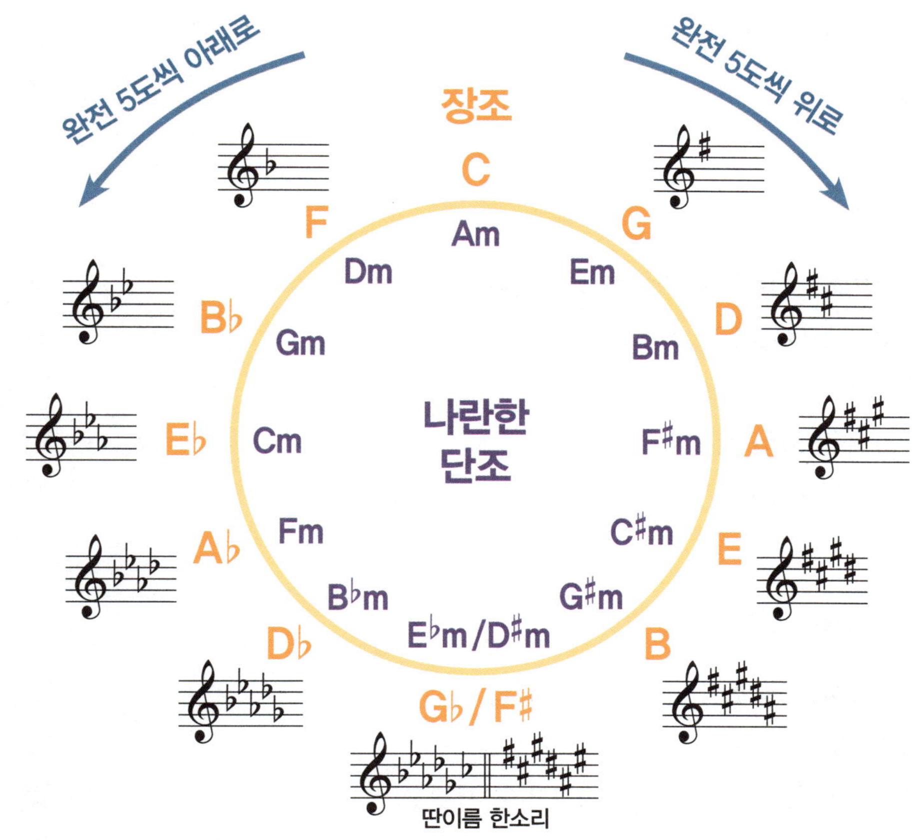

 # 'Mindful' 연습을 위한 약속

1. **건강한 연습**  팔이 아플 땐 연습을 멈추고 자세를 조정해 봐요.
   허리 펴고, 팔 털어보기! 릴랙스 체크하며 **'한 음씩 무게 전달하기'**로 워밍업!

2. **느린 연습**  **정확한 핑거링**으로! 핑거링이 자꾸 바뀌면 테크닉이 늘지 않습니다.

3. **목표가 있는 연습**  한 번에 한 가지씩 **'집중할 포인트'**를 생각한 후 연습합니다.

4. **메타인지 연습**  **소리와 모션**을 스스로 체크하고, 숙달되면 서명해 주세요!

# Contents

현대 테크닉 모션 · · · · · · · · · · · · · · · · · · · · · · · · · 2
5도권 · · · · · · · · · · · · · · · · · · · · · · · · · · · · · · · · · · 3

## Level 19

**Hanon** C장조-A단조 스케일 연습 · · · · · · · · · · · 7
**Czerny** Op.299, No.7 · · · · · · · · · · · · · · · · · · · 8
**Schytte** Op.68 No.5 · · · · · · · · · · · · · · · · · · · 10
**Corelli** Sonata Op.5 No.10 가보트 · · · · · · · · · 12
**마음챙김의 시간** · · · · · · · · · · · · · · · · · · · · · · · 13

## Level 20

**Hanon** G장조-E단조 스케일 연습 · · · · · · · · · · 15
**Czerny** Op.849, No.11 · · · · · · · · · · · · · · · · · 16
**Burgmüller** Op.100, No.7 맑은 시냇물 · · · · · 18
**Loeillet** 쿠랑트 · · · · · · · · · · · · · · · · · · · · · · · 20
**장식음 테크닉** · · · · · · · · · · · · · · · · · · · · · · · · 21
**마음챙김의 시간** · · · · · · · · · · · · · · · · · · · · · · · 22
**Hanon** F장조-D단조 스케일 연습 · · · · · · · · · · 23
**Czerny** Op.849, No.28 · · · · · · · · · · · · · · · · · 24
**Czerny** 비엔나 행진곡 · · · · · · · · · · · · · · · · · · 26

## Level 21

**Hanon** D장조-B단조 스케일 연습 · · · · · · · · · · 29
**Czerny** Op.849, No.25 · · · · · · · · · · · · · · · · · 30
**Gurlitt** Op.130, No.28 앞으로 · · · · · · · · · · · · 32
**마음챙김의 시간** · · · · · · · · · · · · · · · · · · · · · · · 34

**Hanon** B♭장조-G단조 스케일 연습 · · · · · · · · · · · · · · · · · · · 35
**Czerny** Op.849, No.26 · · · · · · · · · · · · · · · · · · · 36
**Burgmüller** Op.100, No.16 작은 슬픔 · · · · · · · · · · · · · · · · · · · 38
**Schytte** Op.95, No.6 군인들의 행진 · · · · · · · · · · · · · · · · · · · 40


## Level 22


**Hanon** A장조-F♯단조 스케일 연습 · · · · · · · · · · · · · · · · · · · 43
**Czerny** Op.849, No.14 · · · · · · · · · · · · · · · · · · · 44
**페달 테크닉** · · · · · · · · · · · · · · · · · · · 46
**Burgmüller** Op.100, No.19 아베 마리아 · · · · · · · · · · · · · · · · · · · 47
**Hanon** E♭장조-C단조 스케일 연습 · · · · · · · · · · · · · · · · · · · 49
**Czerny** Op.849, No.18 · · · · · · · · · · · · · · · · · · · 50
**Schytte** Op.33, No.4 도깨비불 · · · · · · · · · · · · · · · · · · · 52


## Level 23


**Berens** Op.79, No.19 반음계 에튀드 · · · · · · · · · · · · · · · · · · · 54
**Hanon** 반음계 스케일 연습 · · · · · · · · · · · · · · · · · · · 55
**Köhler** Op.300, No.160 반음계적 폴카 · · · · · · · · · · · · · · · · · · · 56


## Level 24


**Hanon** E장조-C♯단조 스케일 연습 · · · · · · · · · · · · · · · · · · · 59
**Schytte** Op.95, No.1 트롤의 춤 · · · · · · · · · · · · · · · · · · · 60
**Hanon** A♭장조-F단조 스케일 연습 · · · · · · · · · · · · · · · · · · · 62
**Schytte** Op.68, No.11 · · · · · · · · · · · · · · · · · · · 63
**Hanon** B장조-G♯단조 스케일 연습 · · · · · · · · · · · · · · · · · · · 66
**Hanon** D♭장조-B♭단조 스케일 연습 · · · · · · · · · · · · · · · · · · · 67
**Hanon** G♭장조-E♭단조 스케일 연습 · · · · · · · · · · · · · · · · · · · 68



**수료증** · · · · · · · · · · · · · · · · · · · 69
**테크닉 평가서** · · · · · · · · · · · · · · · · · · · 71

# Level 19

## Hanon Scale

C장조 – A단조 스케일 연습

## Étude & Repertoire

Czerny Op.299, No.7  C장조

Schytte Op.68, No.5  A단조

Corelli Sonata Op.5, No.10  C장조

각 **레벨**은 스케일로 시작합니다. 연습 때마다 스케일 워밍업을 잊지 마세요.

# ❶ **Hanon** 39번 C장조 스케일

**스케일은 테크닉의 기본!** 아래 템포가 완성되면 속도를 더 내도 좋습니다.

Charles-Louis Hanon
(1819-1900)

* 양손 3번 손가락이 계속 만나는 음계

# ❷ A단조 화성단음계

C장조와 A단조는 나란한 조입니다. (조표는 같고, 으뜸음이 다름)

**셀프 체크** 손가락 번호를 지켰고, **5번**  손가락을 단단하게 세웠습니다.    ☑

연주자 서명

(충분히 숙달되면 서명하세요.)

# ③ Étude Op.299, No.7　C장조

🌰 귀로 연결하는 옥타브 레가토, 가벼운 손가락 터치, 긴 음을 향해 흐르는 포르타토

**＊옥타브 레가토:** 손으로 억지로 붙들지 않고 **소리를 울려** 레가토 효과를 냅니다. **엄지 가볍게!**

down 에서 건반을 **살짝 밀고** 바로 릴랙스! up 에서 사뿐 들기.

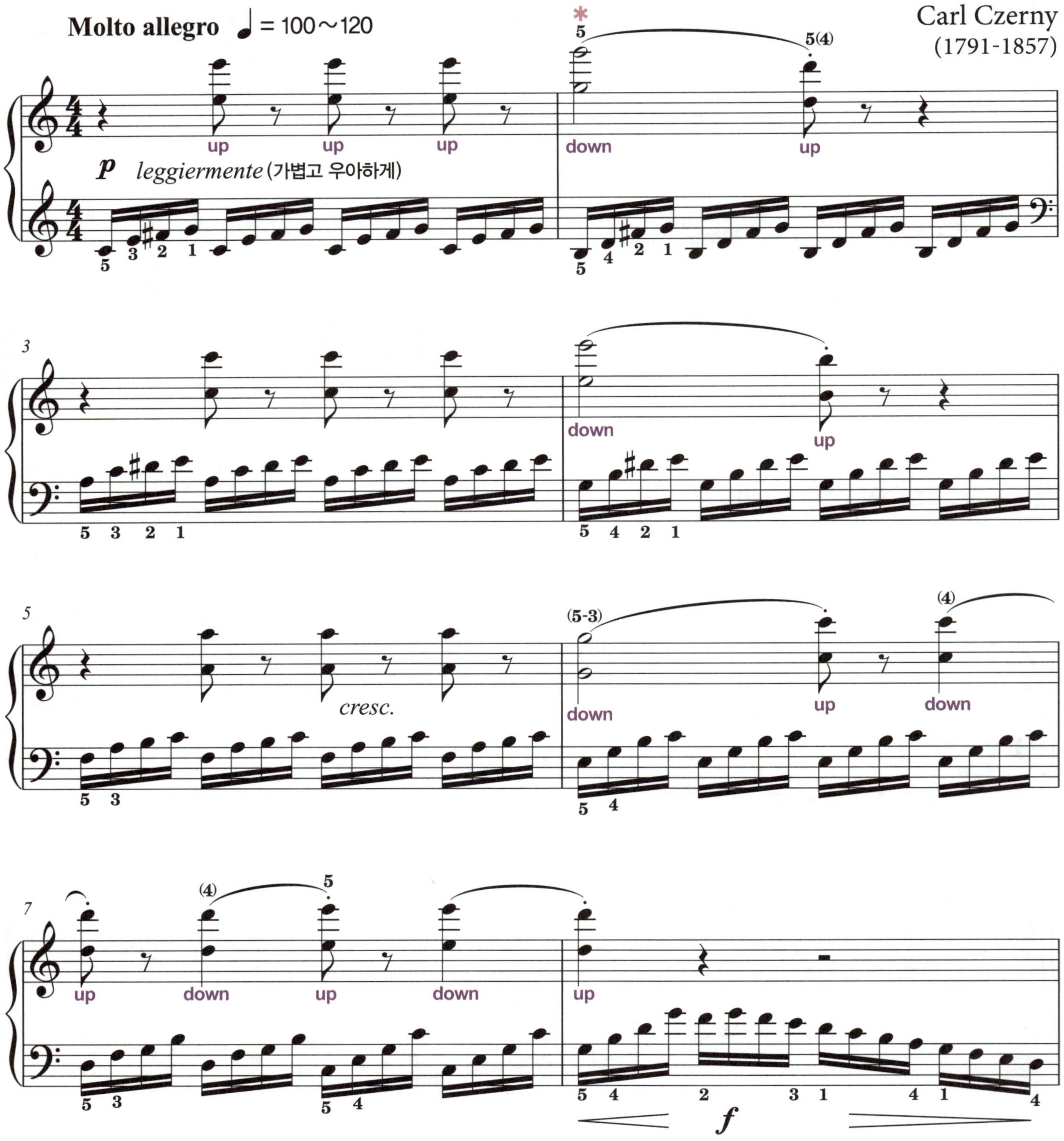

Molto allegro ♩ = 100〜120

Carl Czerny
(1791-1857)

leggiermente (가볍고 우아하게)

* 포르타토(portato): 음길이의 $\frac{3}{4}$ 정도 연주, 스타카토와 레가토의 중간

🌷 **셀프 체크**  **왼손 5번**에 살짝 반동을 주어 미끄러지지 않게 했습니다. ☐

⑨ 포르타토는 조금씩 커지며 긴 박을 향해 흘러갔습니다. ☐

# ④ Étude Op.68, No.5  A단조

🌸 나란한 조 연습, 악센트에서 반동, 서클 모션, 😊 손가락 확장을 돕는 손목 정렬

Ludvig Schytte
(1848 –1909)

**Presto**  ♩. = 108〜144

*f*

C장조

*p*

🌷 **셀프 체크**  오른손 악센트에서 반동을 주며 서클 모션을 했습니다. ☐

17 C장조에서 숨어있는 하행 음계 에 귀 기울였습니다. ☐

 **선생님께** 《연주회용 에튀드》는 연령에 따라 나중에 배워도 됩니다.

A단조

셀프 체크  손가락만 뻗지 않도록 손목이 유연하게 따라갔습니다. ☐

왼손 ↗ 에서 다음 음을 미리 준비했습니다. ☐

# ⑤ **Gavotte** Sonata Op.5, No.10  〔C장조〕

🌸 **바로크의 모방 테크닉, 생기 넘치는 논 레가토, 양손의 대화, 스타카토의 강박과 약박 표현**

바로크 악보에는 아티큘레이션 표시가 거의 없었지만 긴 박과 도약에서 **논 레가토**를 하는 경향이 있었습니다.

생기있게 ♩ = 84～100

Arcangelo Corelli
(1653 - 1713)

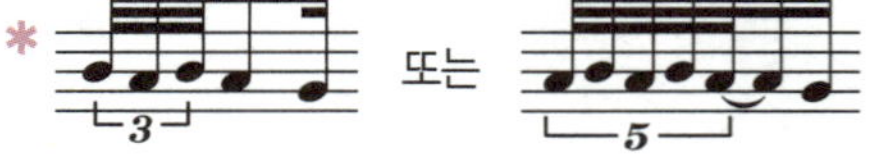

🌸 **셀프 체크**  스타카토를 너무 짧지 않게, **논 레가토**로 노래했습니다. ☐

**Level 19**를 성공적으로 (PASS) 했습니다. ___________


（선생님 서명）

# 🌸 마음챙김의 시간

"소리의 아름다움을 생각하지 않는 연습은 시간 낭비일 뿐이다."
– Menahem Pressler, 'The Artistry of Piano Teaching' 중에서

체이스(William Chase), 'Mrs. Meigs at the piano', 1883

# Level 20

## Hanon Scale

G장조 – E단조 스케일 연습

F장조 – D단조 스케일 연습

## Étude & Repertoire

Czerny Op.849, No.11  G장조

Burgmüller Op.100, No.7  G장조

Loeillet 쿠랑트  E단조

Czerny Op.849, No.28  F장조

Czerny 비엔나 행진곡  C‑F‑C장조

# ① **Hanon** G장조 스케일





C장조의 **5도 위**! C장조의 **딸림조**입니다.

* 양손 3번 손가락이 항상 만나는지 확인하세요.

## ② **E단조 화성단음계** (G장조와 나란한 조)

🌱 **셀프 체크**  먼저 한 손씩, 정확한 손가락 번호로 연습했습니다.  ☐

# ❸ Étude Op.849, No.11

🌱 상행 스케일의 크레셴도, 튀어오르며 이동하는 스타카토, 한 호흡으로 치는 스케일, 왈츠 반주 리듬

Czerny

Molto vivace (매우 활기차고 빠르게) ♪ = 108~140

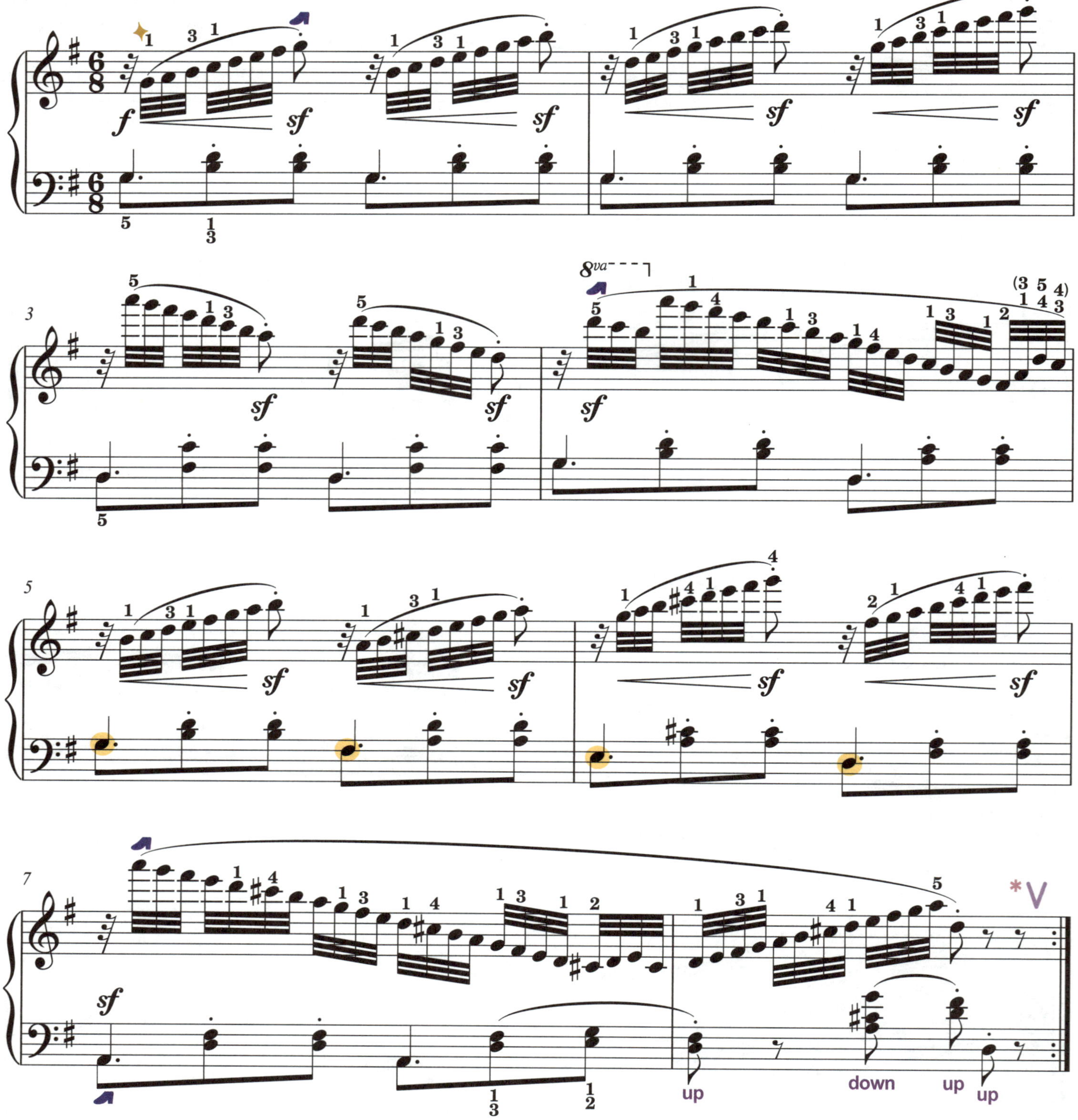

* V : 숨을 마시고 들어가기

🌱 셀프 체크  엄지◆를 송곳처럼 가볍고 날카롭게 쳤습니다.　☐

**sf**를 위에서 때리지 않고, 건반에서 반동으로 튀어 올랐습니다.　☐

16

셀프 체크  왼손 스케일에서 **5번** 손가락이 꺼지지 않도록 신경 썼습니다.

무게의 **down-up**을 느끼며 아티큘레이션을 살렸습니다.

엄지의 내성 보이싱, 셋잇단음표에서 잔잔한 서클 모션, 건반 가까이에서 릴랙스

Friedrich Burgmüller 원곡
(1806-1874)

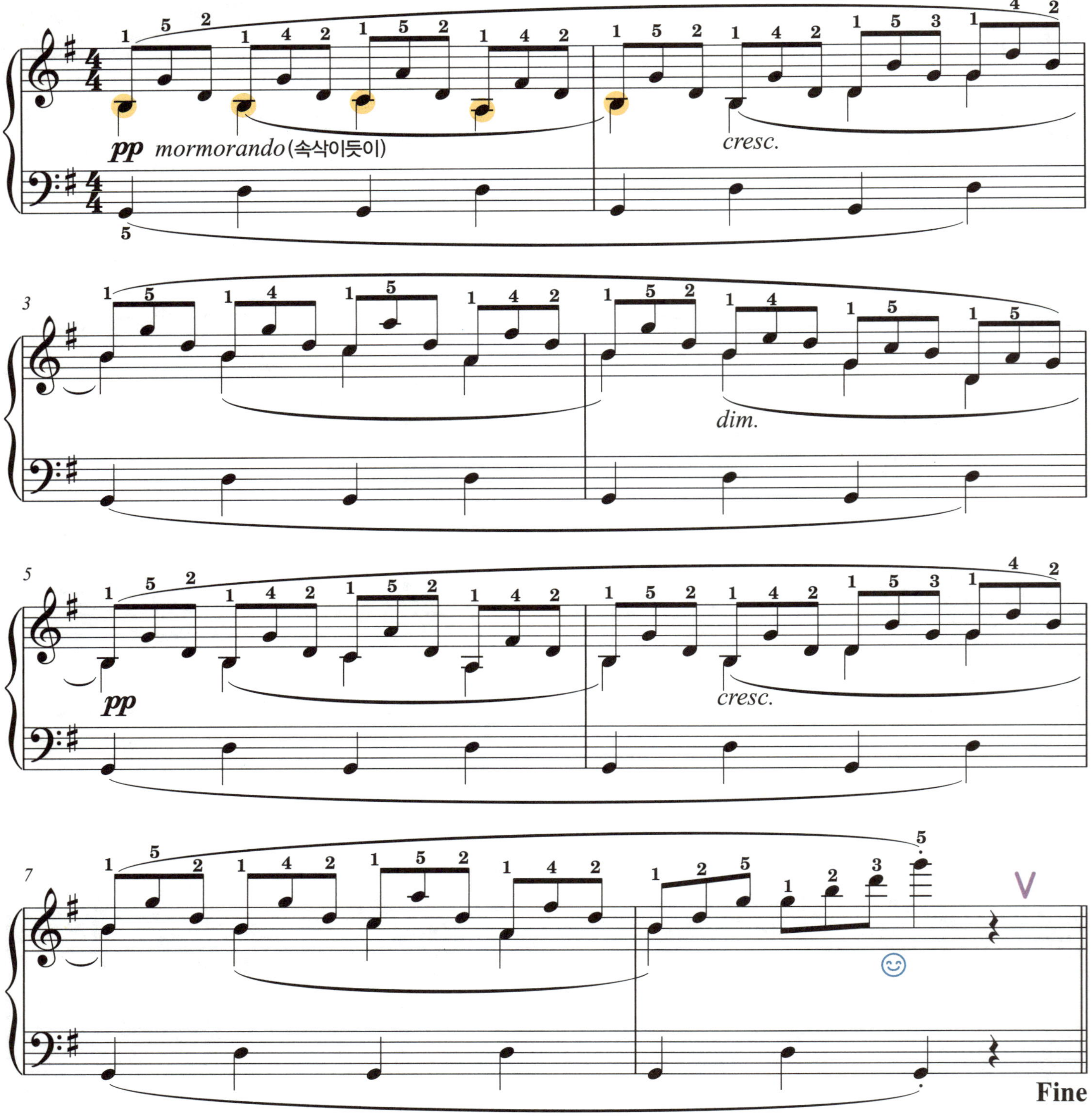

셀프 체크  오른손 내성♪을 따로 연습했으며, 엄지와 앞팔을 릴랙스 했습니다. ☐

셋잇단음표의 **끝음**들이 튀어나오지 않게 연습했습니다. ☐

셀프 체크  왼손만 따로, **프레이즈**를 아름답게 노래하며 연습했습니다. ☐

밸런스를 생각하며 오른손을 왼손보다 가볍게 쳤습니다. ☐

# ⑤ *Courante 〔E단조〕

☁ 바로크 장식음 테크닉, 쿠랑트 리듬, 가벼운 액티브 손가락 터치, 왼손 대선율 노래하기

21쪽 **장식음 테크닉** 부분을 먼저 연습해보세요.

Jean-Baptiste Loeillet
(1680-1730)

**Allegro**  ♩ = 130〜160

* **쿠랑트**: 프랑스어로 '달리다'에서 유래. 바로크 모음곡에 나오는 3박자의 빠른 춤곡.

🥬 **셀프 체크**  이음줄을 과하지 않게, 바삭바삭한 **손가락 터치**로 연주했습니다. ☐

왼손 **동형진행** 패턴들을 부분연습 했습니다. ☐

## 🌷 장식음 테크닉 (Ornament Technique)

연주자에게 해석의 자유가 있지만 **템포, 멜로디 라인, 시대적 관습** 등을 충분히 고려해야 합니다.

① **겹앞꾸밈음**(Double Appoggiatura): 바로크의 꾸밈음은 **정박**에서 시작. 악센트 없이 가볍게!

② **모르덴트**(Mordent): '주음 – 아래음 – 주음' 연주. '깨물다'라는 뜻으로 재빨리 치기.

③ **트릴**(Trill, _tr_): **주음보다 한 음 위에서 시작**. 멜로디 흐름에 따라 주음부터도 가능.

낭만시대에는 주음부터 치는 것을 선호



🌷 **테크닉 체크**   손목 꺼지지 않게, 손가락이 대롱대롱 매달리듯 로테이션.

손등 뼈의 태엽이 풀리듯 손가락 터치로 가볍고 빠르게 걷기.

# 🌷 마음챙김의 시간

"좋은 테크닉을 갖고 싶다면 성악가의 노래를 들어라!  손목이 언제 숨을 쉴지 알게 된다."

– 'Chopin, Pianist & Teacher' 중에서

레가(Silvestro Lega), 'The singing of the folk song', 1868

# 6 **Hanon** F장조 스케일

C장조의 **5도 아래**! C장조의 **버금딸림조**입니다.

# 7 **D단조 화성단음계** (F장조와 나란한 조)

🌱 **셀프 체크**  **검은 건반**에서 미끄러지지 않도록 **건반 가까이**로 다녔습니다. ☐

# ⑧ Étude Op.849, No.28  〔F장조〕

🌱 ⁶⁄₈박자의 리듬감, 왼손 멜로디의 프레이징, 가벼운 반동의 비브라토 주법, 겹음 보이싱

✳ **연타 비브라토 주법:** 건반에서 단단한 손끝으로 가볍게 털듯이 연주. 강박에 반동 주기.

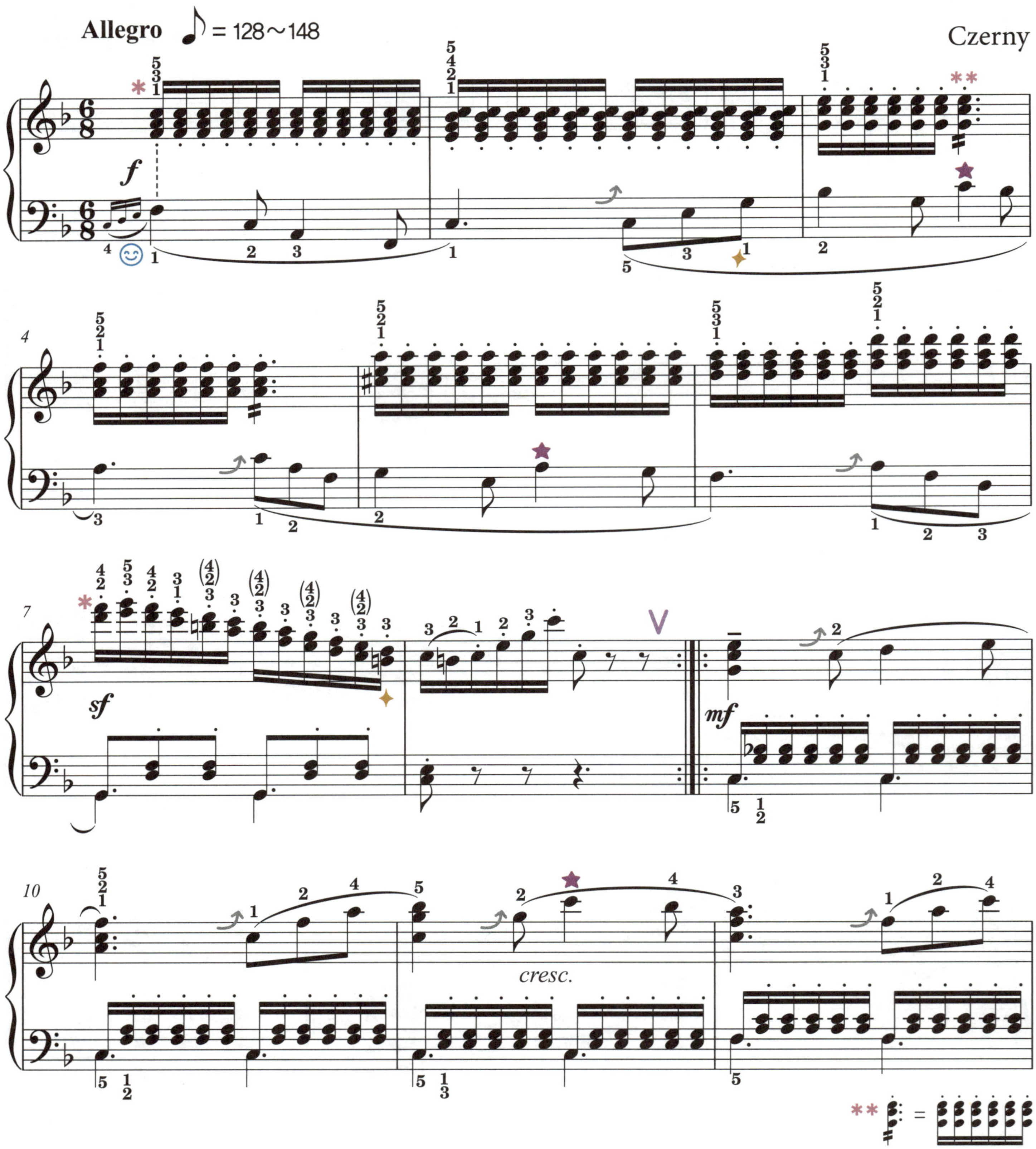

🌱 **셀프 체크**  **화음 연타**는 손끝을 세워 잔잔한 반동으로 쳤습니다.  ☐

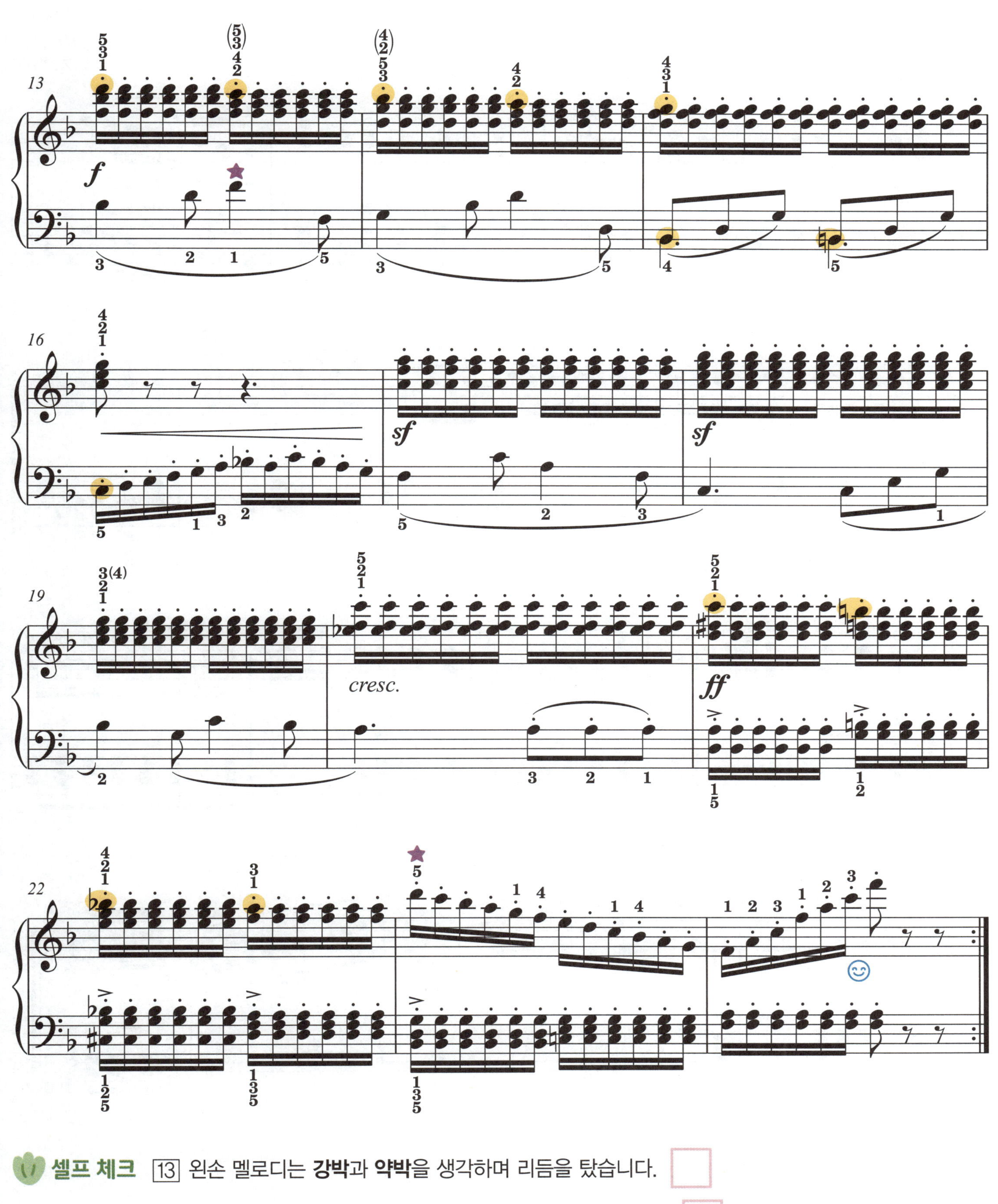


🌱 **셀프 체크**

13 왼손 멜로디는 **강박**과 **약박**을 생각하며 리듬을 탔습니다. ☐

16 왼손은 건반에서 걷듯이 '핑거 스타카토' 연습을 했습니다. ☐

# ⑨ 비엔나 행진곡  C-F-C장조

병진행 스케일 연습, 점음표의 반동, 빠른 분위기 전환, 반복음의 비브라토 주법, 트릴 로테이션

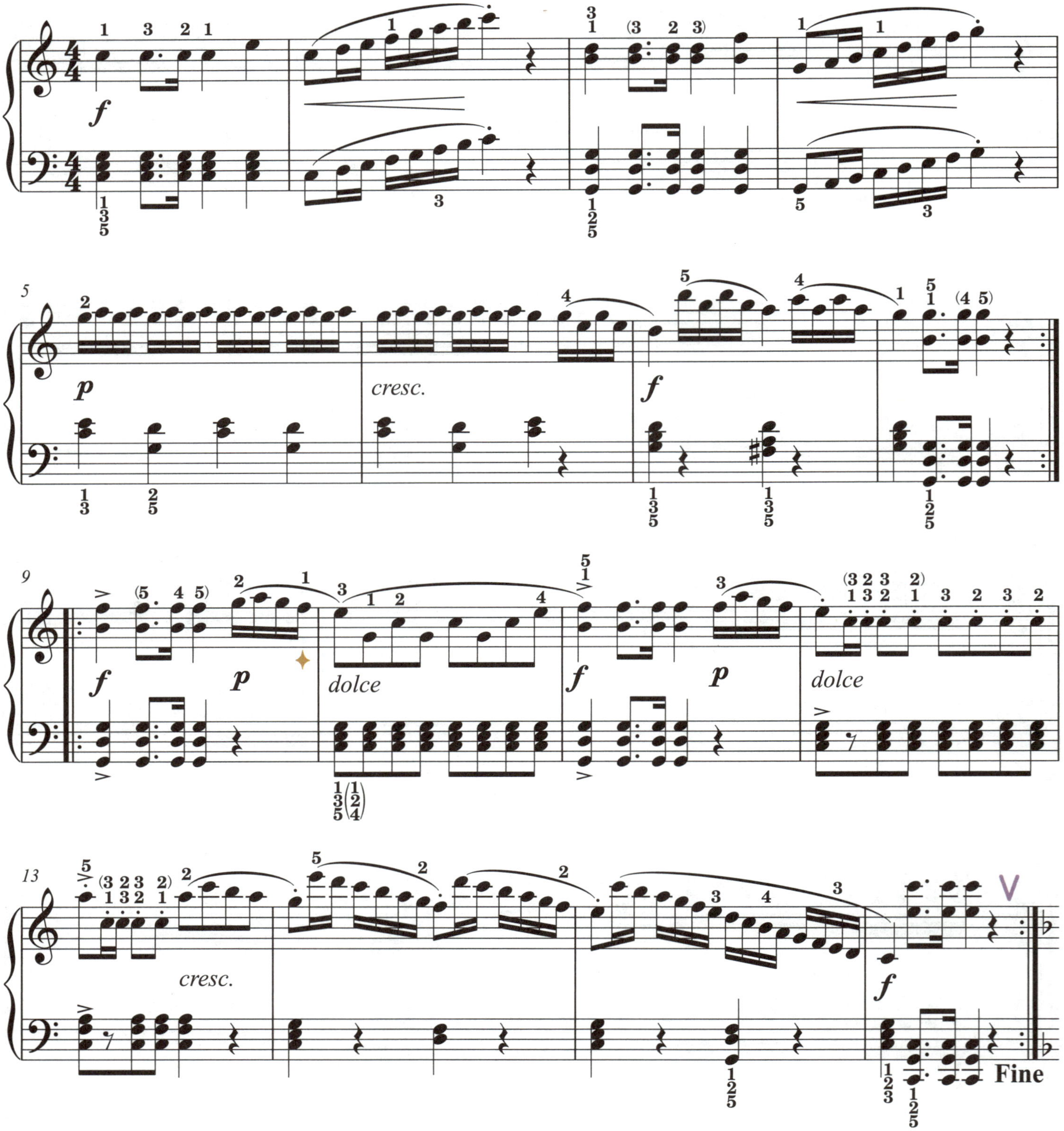

Czerny

Maestoso (당당하게) ♩ = 120∼130

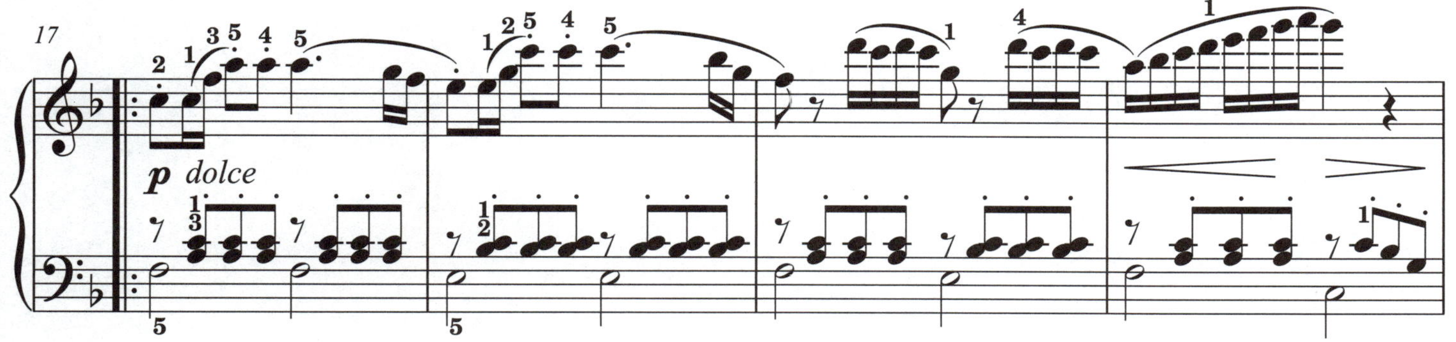

 셀프 체크　F장조　*dolce* 부분은 사랑스럽게 분위기를 바꿨습니다.　☐

왼손이 오른손 멜로디를 방해하지 않도록 밸런스에 신경썼습니다.　☐

**Level 20**을 성공적으로　PASS　했습니다.　______________

(선생님 서명)

# Level 21

## Hanon Scale

D장조 – B단조 스케일 연습

B♭장조 – G단조 스케일 연습

## Étude & Repertoire

Czerny Op.849, No.25  D장조

Gurlitt Op.130, No.28  D장조

Czerny Op.849, No.26  G단조

Burgmüller Op.100, No.16  G단조

Schytte Op.95, No.6  B♭장조

# ① **Hanon** D장조 스케일

G장조의 **5도 위!** G장조의 **딸림조**입니다.

* 양손 3번 손가락이 계속 만나는 음계

## ② B단조 화성단음계 (D장조와 나란한 조)

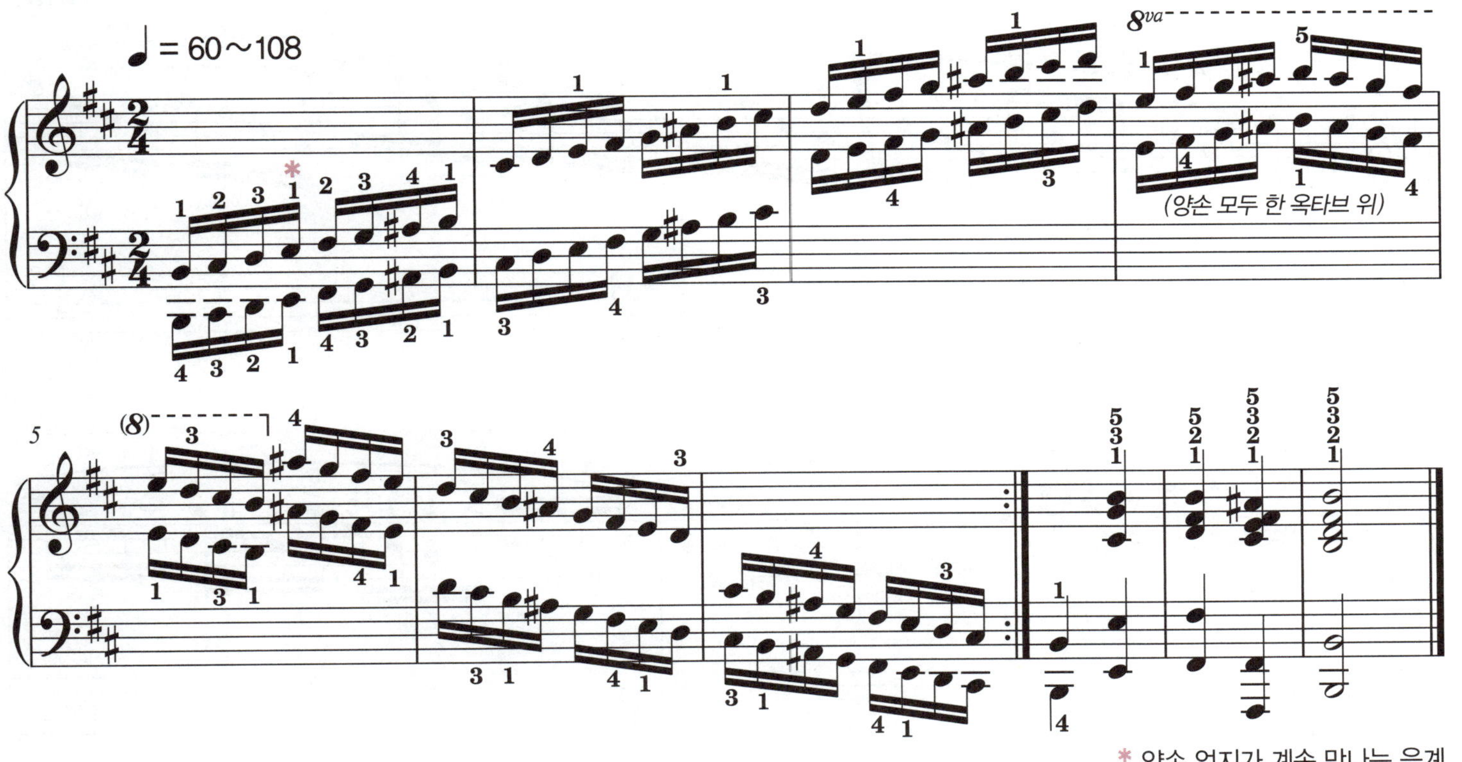


* 양손 엄지가 계속 만나는 음계

🎵 **셀프 체크**　낮거나 높은 음역에서는 손만 뻗지 않고 엉덩이와 상체도 조정했습니다. ☐ ___________

Level 21

### ③ Étude Op.849, No.25  D장조

🌱 화성의 자리바꿈 아르페지오 연습, 네 음 패턴 서클 모션, 로테이션으로 스타카토 보이싱

＊ 스타카토를 튕기지 말고 **로테이션**으로 찰랑찰랑 흘러가기. 엄지 가볍게!

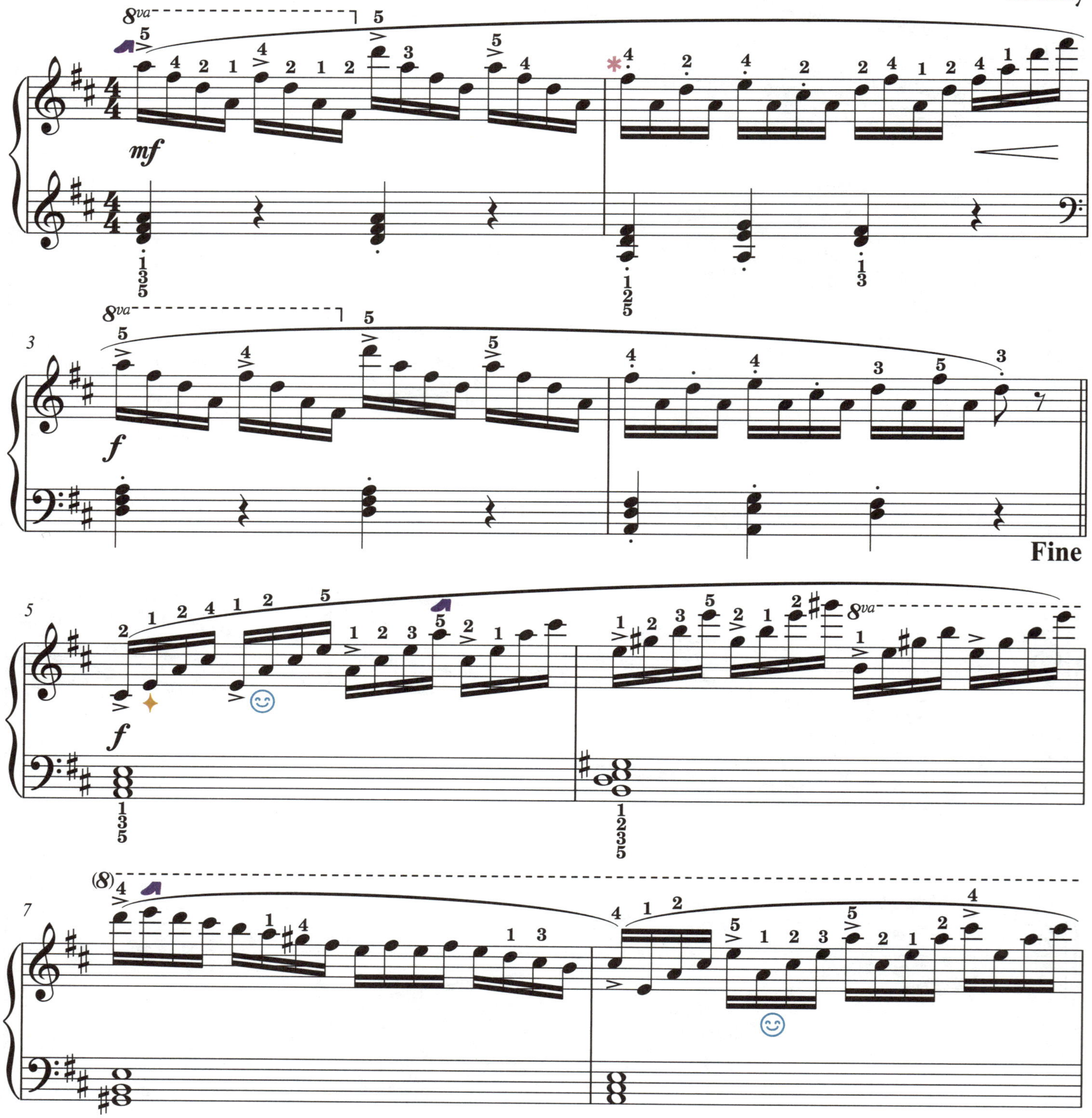

🌼 **셀프 체크**  5 - 8 아르페지오에서 😊 손목과 앞팔을 유연하게 정렬했습니다.

🌸 **셀프 체크** 11 스타카토는 **로테이션**으로 반동을 주고, 엄지는 가볍게 했습니다.

12 오른손 **5번** 이 살짝 일어나며 서클 모션을 했습니다.

## 4 Étude Op.130 '앞으로!'  D장조

왈츠 리듬, 매끄럽게 흐르는 레가토, 휘몰아치는 왼손 프레이징, 장-단조의 분위기 전환

Cornelius Gurlitt  원곡
(1820-1901)

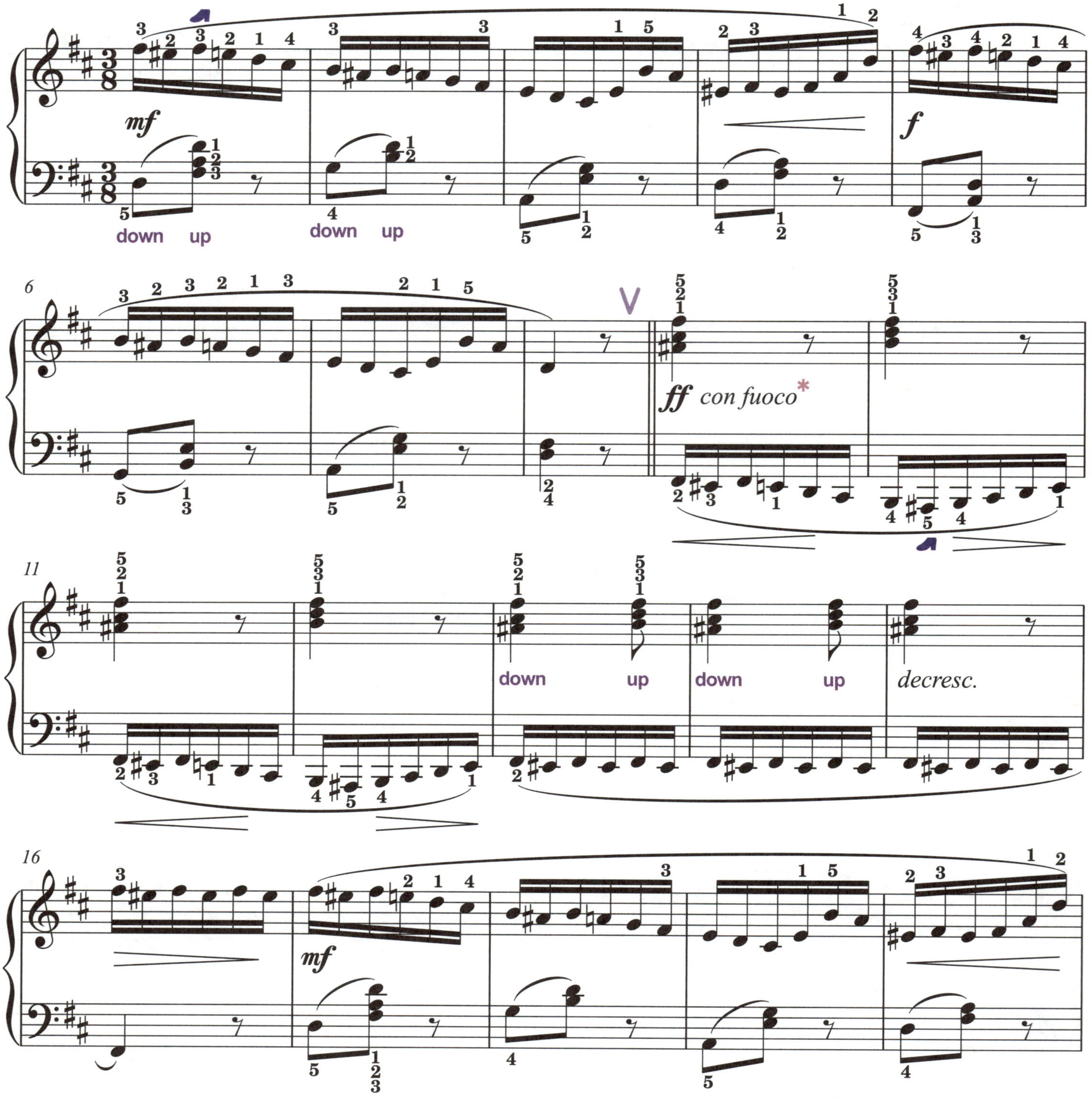

*콘 푸오코: 불처럼, 열정적으로

셀프 체크  [1]-[7] 왼손은 '다운-업-이동'으로 왈츠 리듬을 탔습니다.

[9] ff 전에 V숨을 마셨고, 왼손으로 무게가 잘 흘러갔습니다.

셀프 체크  25 왼손 멜로디가 ★테누토를 향해 흘렀습니다.

33 ●윗소리를 울려주고, 내성은 잔잔하게 이중창을 했습니다.

# 🌷 마음챙김의 시간

"음악을 통해 나의 내면을 만나는 순간은 소중하다.
자신을 진실되게 표현할 용기를 가져라!"

– Madeline Bruser, 'The Art of Practicing' 중에서

프리세케(Frederick Carl Frieseke) 'Frances', 1924

## ⑤ Hanon B♭장조 스케일

F장조의 **5도 아래!** F장조의 **버금딸림조**입니다.

* 오른손 검은 건반에서 시작하는 음계는 2번으로!

## ⑥ G단조 화성단음계 (B♭장조와 나란한 조)

* 양손 3번 손가락이 계속 만나는 음계

# ⑦ Étude Op.849, No.26

🌱 반복음의 핑거링, 생기있는 레지에로 터치, 가벼운 옥타브 로테이션, 핑거 페달, 내성 보이싱

✳ **보이싱 연습법:** ⑨ 왼손 **내성**의 엄지는 포근하게 기대고, 베이스는 스타카토로 연습!

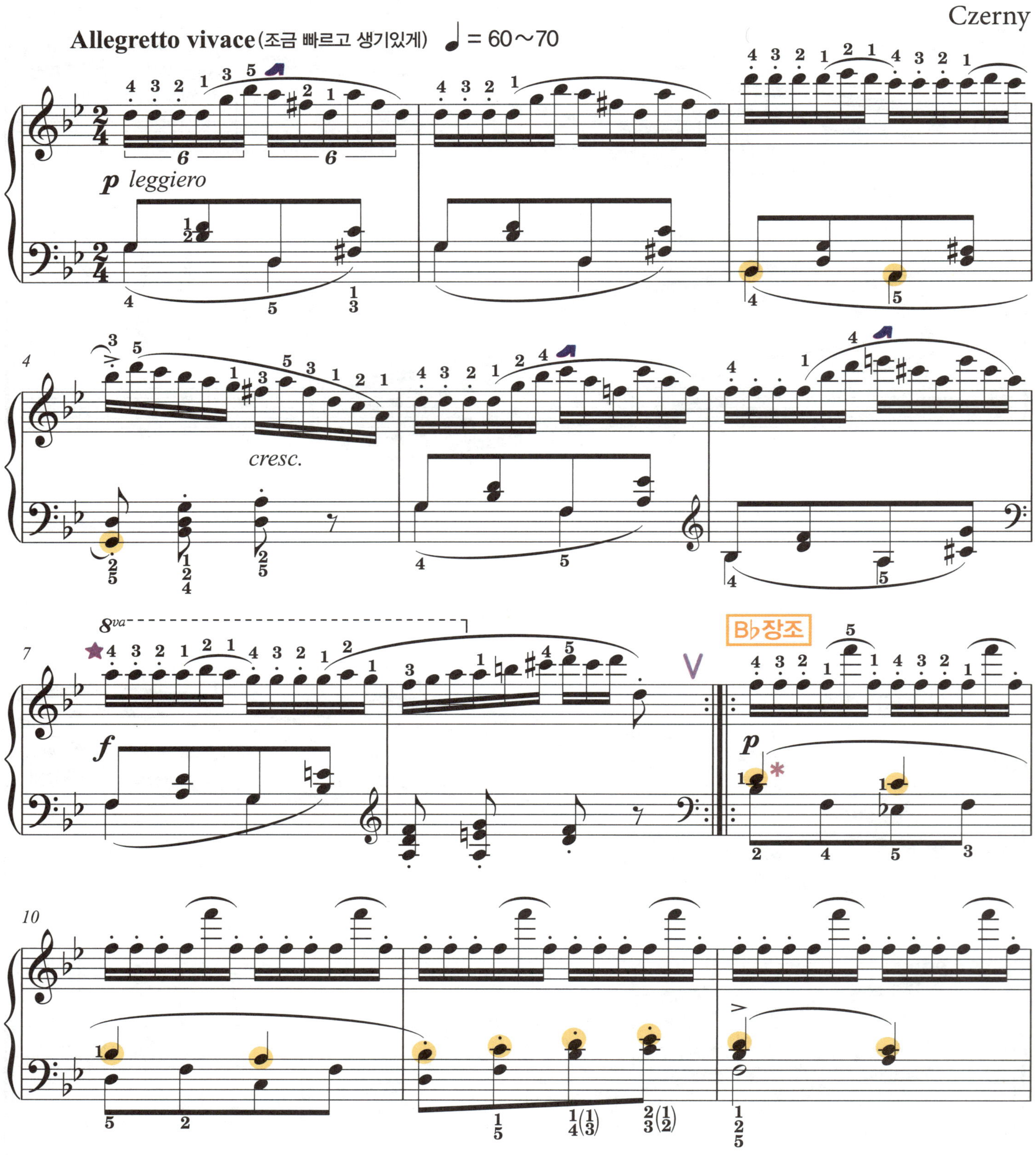

Czerny

Allegretto vivace (조금 빠르고 생기있게) ♩ = 60~70



🌷 **셀프 체크** 오른손 연타는 손가락이 **건반에서 걷듯이** 고른 소리를 냈습니다. ☐

💠 **셀프 체크**  17 **왼손 내성**에서 엄지가 쿵쿵거리지 않도록 신경썼습니다. ☐

오른손 **옥타브 로테이션**을 부분연습 했고, 끝음들을 가볍게 했습니다. ☐

# 8 작은 슬픔 Op.100, No.16  G단조

가벼운 3도 로테이션, 레스팅 터치, 양손의 밸런스, 핑거 스타카토로 보이싱, 긴 박 향해 흐르기

*** Resting Touch:** 숨 내쉬며 편안하게 무게 내려놓기. 손이 소파에서 쉬듯이.

Burgmüller 원곡

**Allegro moderato** ♩ = 80〜96

🌷 **셀프 체크**  1 - 4  왼손은 먼저 **모음화음**으로 쳐본 후, 로테이션 연습을 했습니다.

10  오른손 3-2번이 걷듯이, 핑거 스타카토로 🟠 **윗소리**를 살렸습니다.

바버(Charles Burton Barber), 'A special pleader', 1893

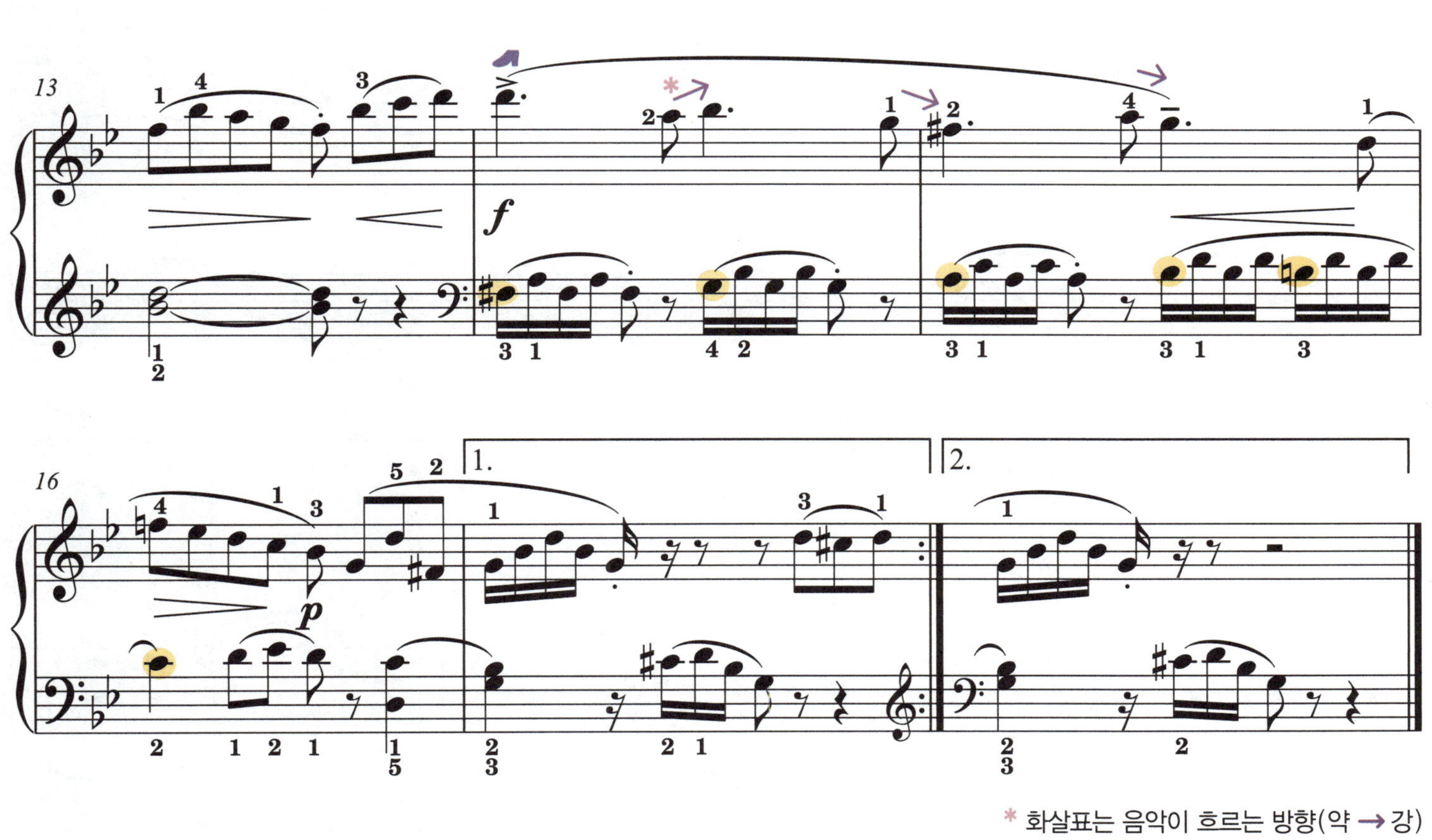



* 화살표는 음악이 흐르는 방향(약 → 강)

🌸 **셀프 체크**  14 – 15  오른손 ♪ 가볍게! **긴 박(강박)**쪽으로 무게가 흐르게 했습니다.  ☐

노래를 돋보이게 하기 위해 왼손은 잔잔하게 로테이션 했습니다.  ☐  ________

# ⑨ Étude Op.95, No.6 '군인들의 행진'  Bb장조

윗소리 보이싱, 화음의 악센트, 아티큘레이션의 대조, 두 음 슬러, 같은 손가락으로 도약

* '찌르기' 주법(Thrust): 손이 벌어지는 화음은 건반 표면에서 순간적으로 찌르고 바로 릴랙스

**Marschtempo** (행진곡 풍으로) ♩ = 96〜116

Schytte

🌷 **셀프 체크**  왼손 반주를 외울 정도로 연습했습니다. ☐

오른손 손가락 번호를 지켰으며, 윗소리를 살렸습니다. ☐

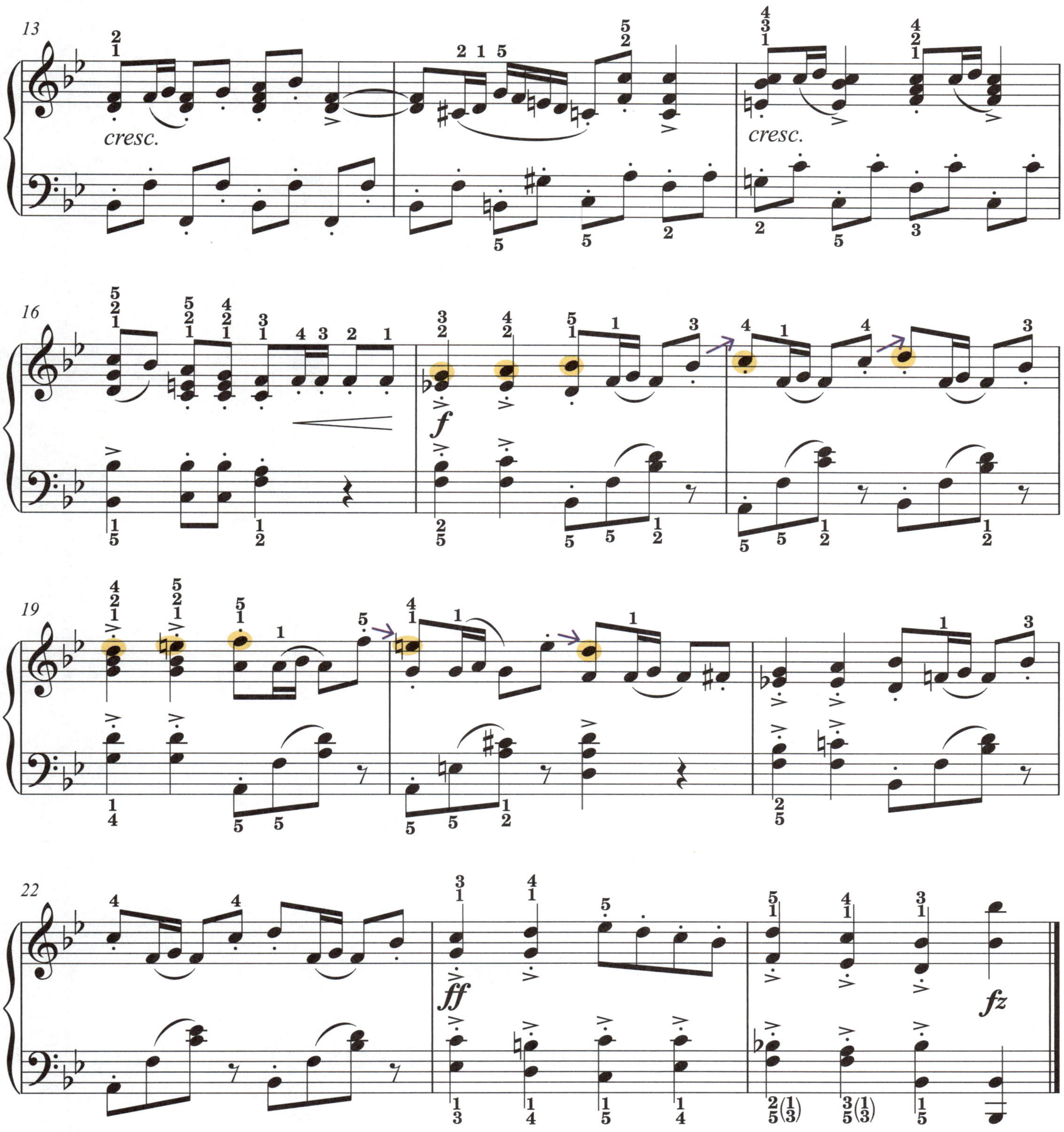


셀프 체크 [17] - [22] 왼손 **5-5번 도약**을 부분연습 했습니다. ☐

오른손 ● 뼈대 음에 귀 기울이며 보이싱 연습을 했습니다. ☐

**Level 21**을 성공적으로 PASS 했습니다. ____________ (선생님 서명)

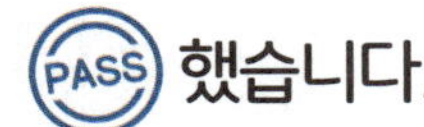

# Level 22

## Hanon Scale

A장조 – F#단조 스케일 연습

E♭장조 – C단조 스케일 연습

## Étude & Repertoire

Czerny Op.849, No.14  A장조

Burgmüller Op.100, No.19  A장조

Czerny Op.849, No.18  E♭장조

Schytte Op.33, No.4  C단조

# ① **Hanon** A장조 스케일

D장조의 **5도 위!** D장조의 **딸림조**입니다.

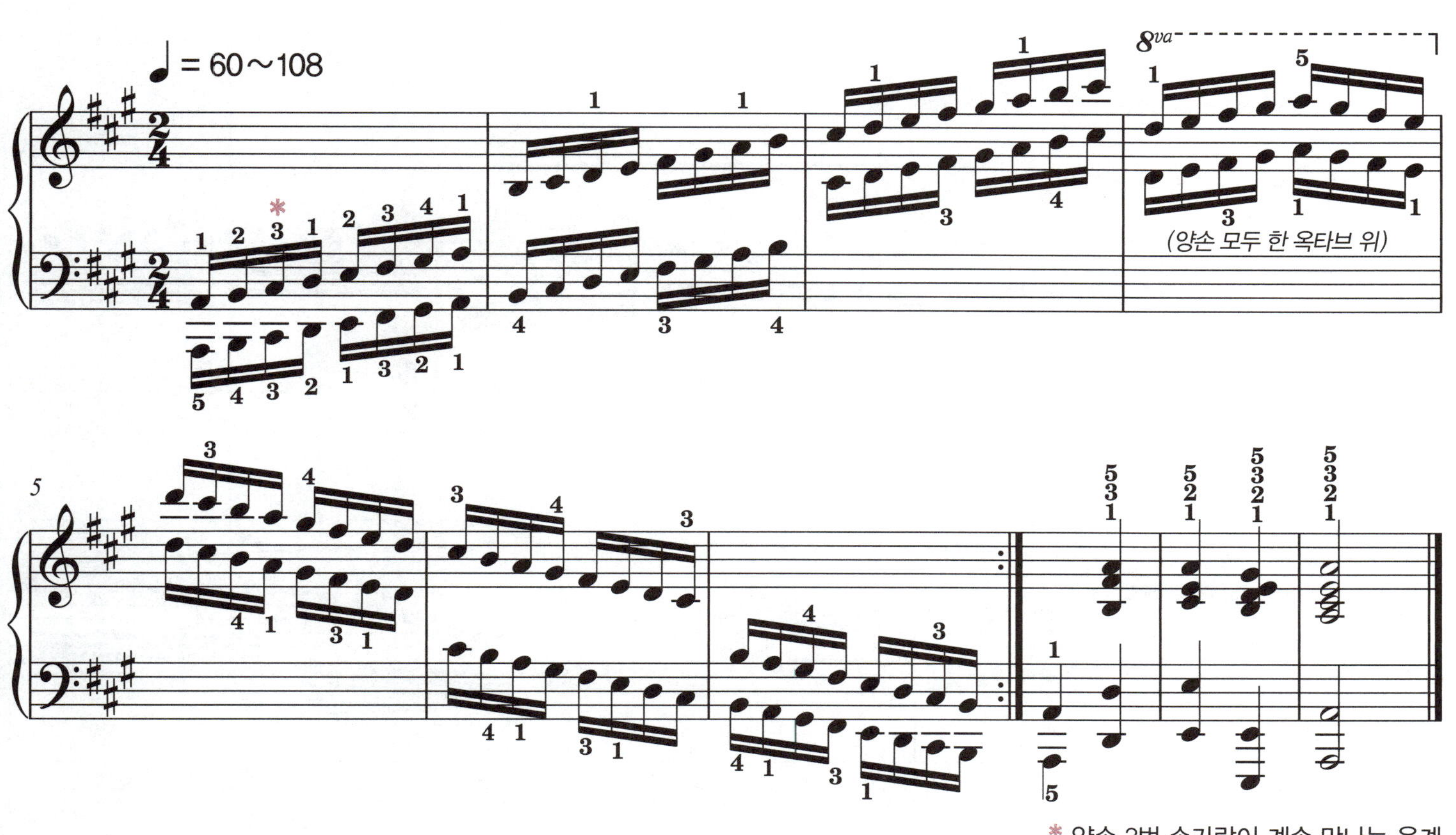




## ② **F♯단조 화성단음계** (A장조와 나란한 조)

🌸 **셀프 체크** 부점리듬 ♪ 으로도 연습했습니다. ☐



Level 22

# ❸ Étude Op.849, No.14 〔A장조〕

🌷 민첩한 32분음표 스케일, 서클 모션, 5번 손가락의 반동, 효율적인 몸의 조정, 뼈대 음으로 방향감 느끼기

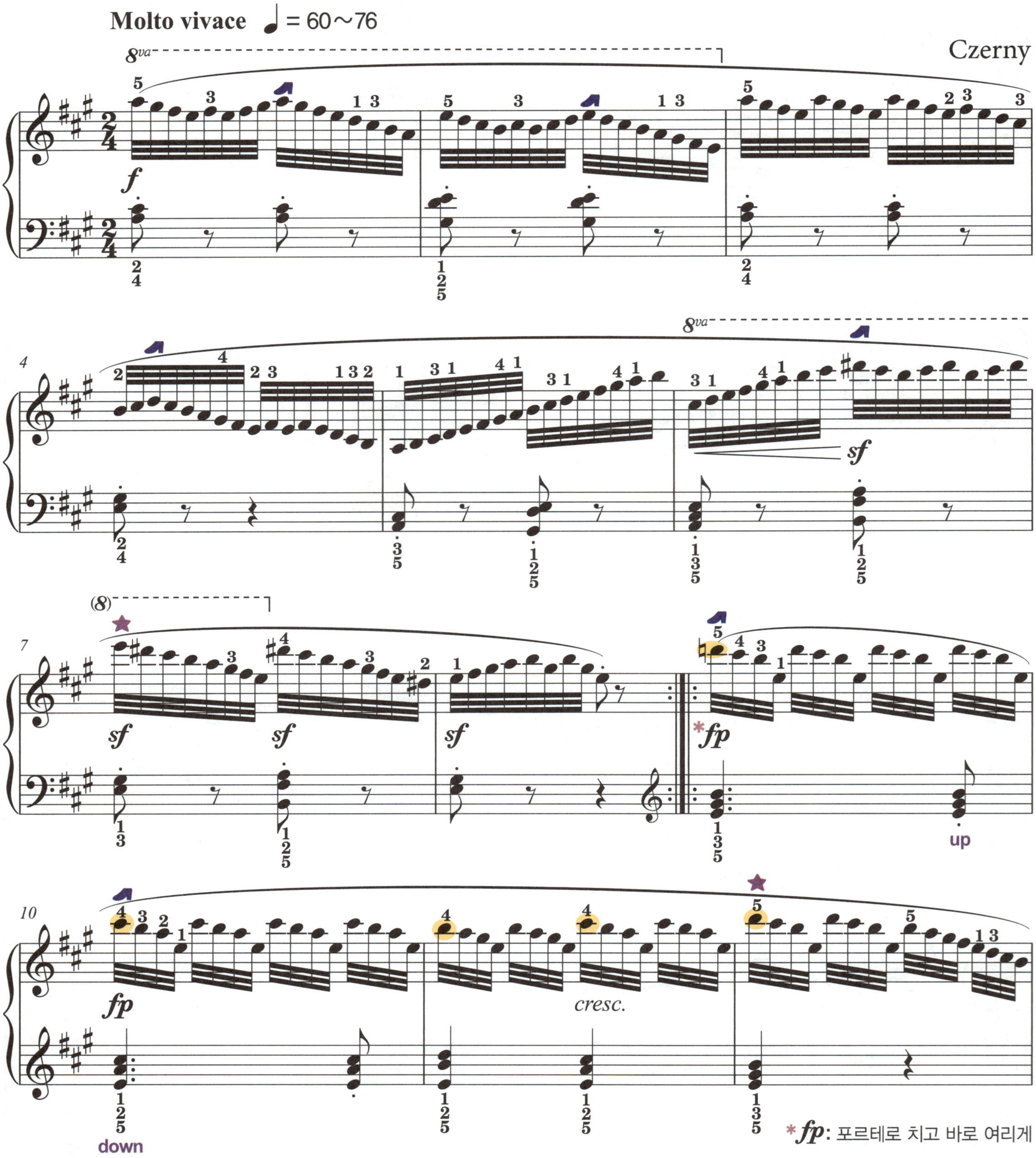

**Molto vivace** ♩ = 60~76

Czerny

*셀프 체크* ⑥ 높은 음역에서 겨드랑이를 열고 상, 하체의 자세를 체크했습니다. ☐ ______

* ***fp***: 포르테로 치고 바로 여리게

셀프 체크　13　서클 모션이 뭉개지지 않도록 박을 세며 연습했습니다.　□

왼손 연습을 할 때, 눈이 다음 화음을 미리 체크했습니다.　□

# 🌷 '눈 - 귀 - 발'의 협동, 페달 테크닉

고전시대 이후, 페달의 성능이 눈부시게 발전하여 페달이 필수 테크닉이 됐습니다. 악보에 페달 표시가 있지만 **연주장의 음향에 따라** 울림이 달라지므로 잘 들으며 조절해야 합니다.

가장 오른쪽에 있는 댐퍼 페달은 화음을 풍성하게 하고, 소리의 연결을 돕지요. **다이내믹, 아티큘레이션, 음색 살리기** 등 효과가 다양하므로 밟기 전에 **소리 목표**를 정해야 합니다. 시대적 특성도 고려해야 하는데 **고전시대는 규칙적이고 명료한 반면, 낭만시대는 감정이 강조되어 페달이 풍부해지지요.** 페달은 발의 정확한 타이밍뿐 아니라, 화음에 대한 이해와 섬세한 귀도 함께 연마해야 합니다.

## 🌷 '댐퍼 페달' 테크닉을 알아볼까요?

Damper란 현이 계속 진동하는 것을 막는 담요 같은 천입니다. 페달을 **밟으면** 댐퍼가 올라가 **울림이 지속**되고, 페달을 떼면 댐퍼가 다시 현을 덮어 울림을 막습니다.

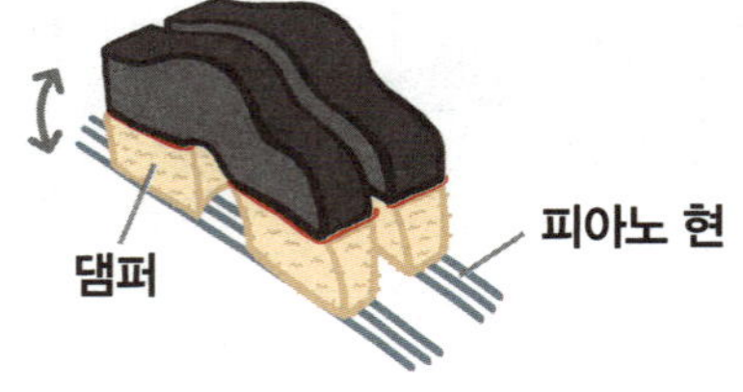


### 1. 다이렉트(Direct) 페달: **손과 동시에 밟고 떼기.** 명료한 화음과 아티큘레이션을 강조할 때 효과적입니다.

### 2. 레가토(Legato) 페달: **손과 발이 '하이파이브' 하듯,** 손이 칠 때 발은 뗐다 다시 밟습니다.

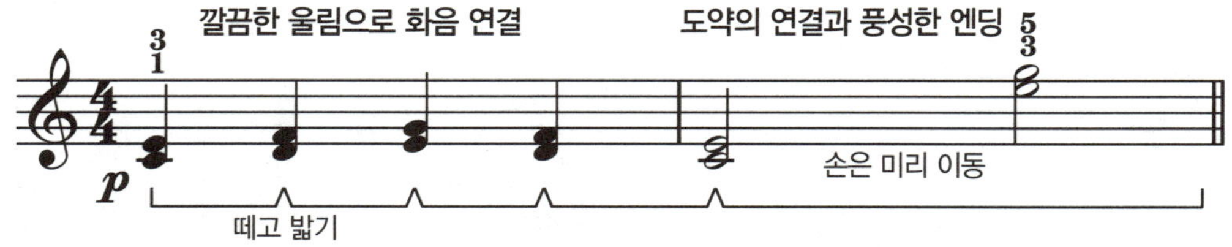


### 3. 하프(Half) 페달: 페달을 바닥까지 밟지 않고 **살짝만 밟아 울림을 줄입니다.**

가장 깊은 페달부터 조금씩 발을 올리며 원하는 소리를 찾아보세요. 미세한 조정에 효과적입니다.

### 4. 플러터(Flutter) 페달: **하프** 페달로 잔잔하게 **밟고 – 떼기**를 반복!

소리 섞임을 줄여주어 음계에서도 사용할 수 있습니다.

물결로 표시 *Ped.* 〰〰〰〰 ※

# ④ 아베 마리아 Op.100, No.19   A장조

🌰 깨끗한 레가토 페달, 화음의 음색과 보이싱, 긴 박으로 흐르는 프레이징과 호흡

Burgmüller 원곡

Andantino  ♩ = 80～96

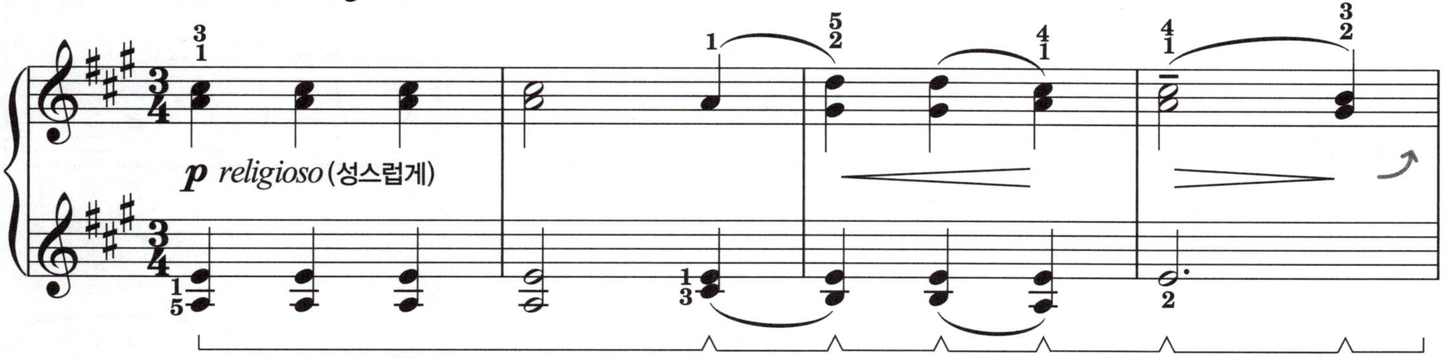

* 같은 코드는 한 페달로 가능하지만 과하게 울리면 바꿔주세요.

🌼 **셀프 체크**  화음이 반복될 때 쿵쿵거리지 않게, **긴 박을 향해** 흘러갔습니다. ☐

　　　　Ｖ 에서 숨을 마시고 프레이즈를 새로 시작했습니다. ☐

* 저음은 많이 울리므로 레가토 페달 또는
하프 페달로 밟아도 됩니다.

셀프 체크  왼손 8분음표들을 가볍고 잔잔하게 쳤습니다.

페달이 과하게 울리지 않는지 잘 들으며 조절했습니다.

## ⑤ **Hanon** E♭장조 스케일



B♭장조의 **5도 아래!** B♭장조의 **버금딸림조**입니다.

## ⑥ **C단조 화성단음계** (E♭장조와 나란한 조)

***** 양손 3번 손가락이 계속 만나는 음계

# 7 Étude Op.849, No.18  E♭장조

탄력 있는 스케일, 2도 트릴 로테이션, 왼손 스케일, 한 손에 멜로디와 반주가 함께 있는 프레이즈

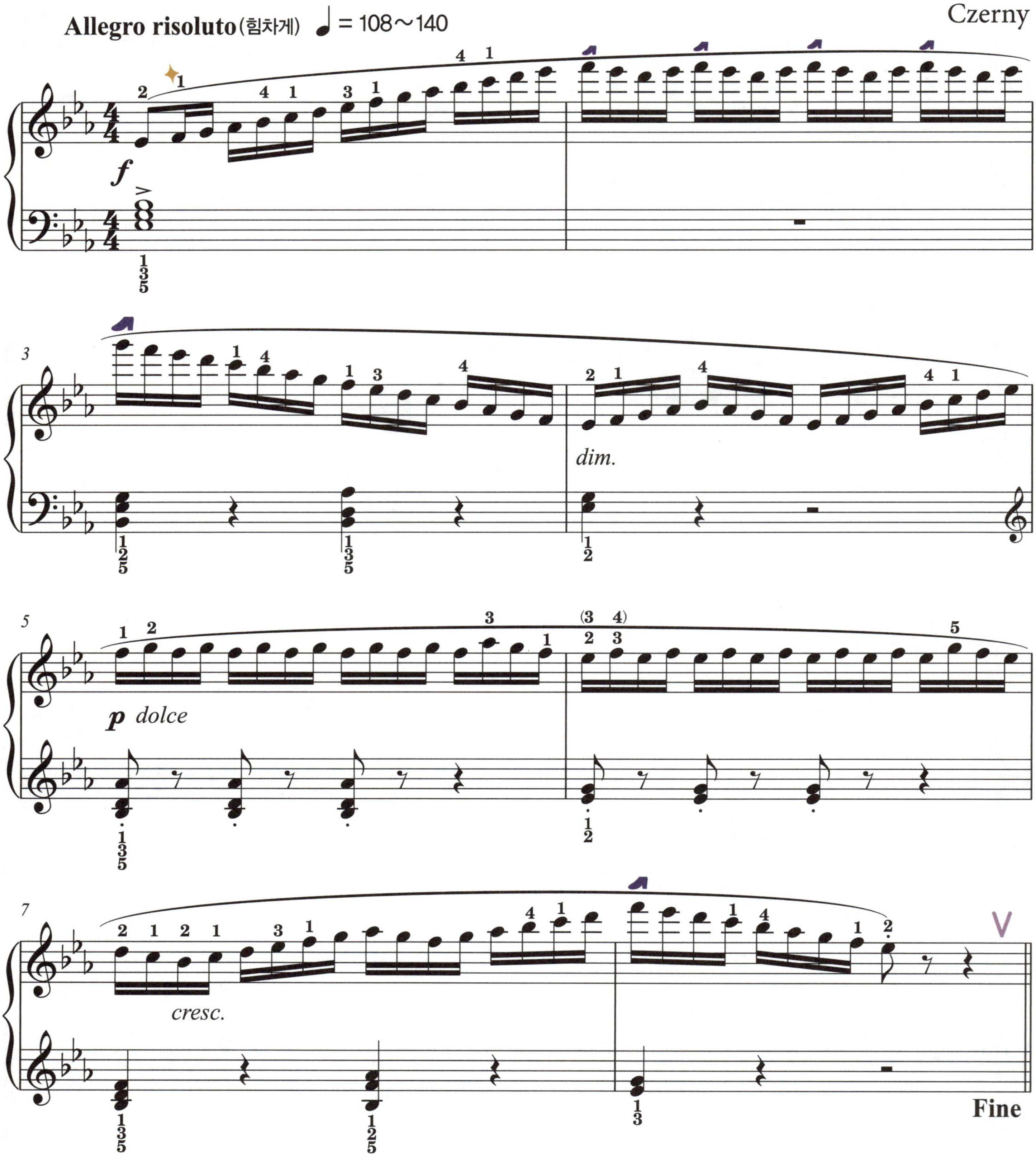

Czerny

**Allegro risoluto** (힘차게) ♩ = 108〜140



🌷 **셀프 체크**  왼손은 쉼표에서 미리 다음 음의 **악상**을 준비했습니다. ▢

② 박자감과 서클 모션을 위해 ◢에 살짝 반동을 주었습니다. ▢

50

🌸 **셀프 체크**  왼손 스케일에서 **엄지**◆가 넘어지지 않도록 날카롭게 쳤습니다. ☐

13 오른손 엄지는 **레스팅** 주법으로 포근하게 울려주었습니다. ☐ ________

# ⑧ **Étude** Op.33, No.4 '도깨비불'

🌱 오프 터치, 왼손 당김음 리듬, 양손의 밸런스, 대조적인 아티큘레이션, 네 음 패턴의 서클 모션

* **Off Touch**: 건반에서 반동으로 **튀어오르는 주법**. 다음 음으로 바로 이동!

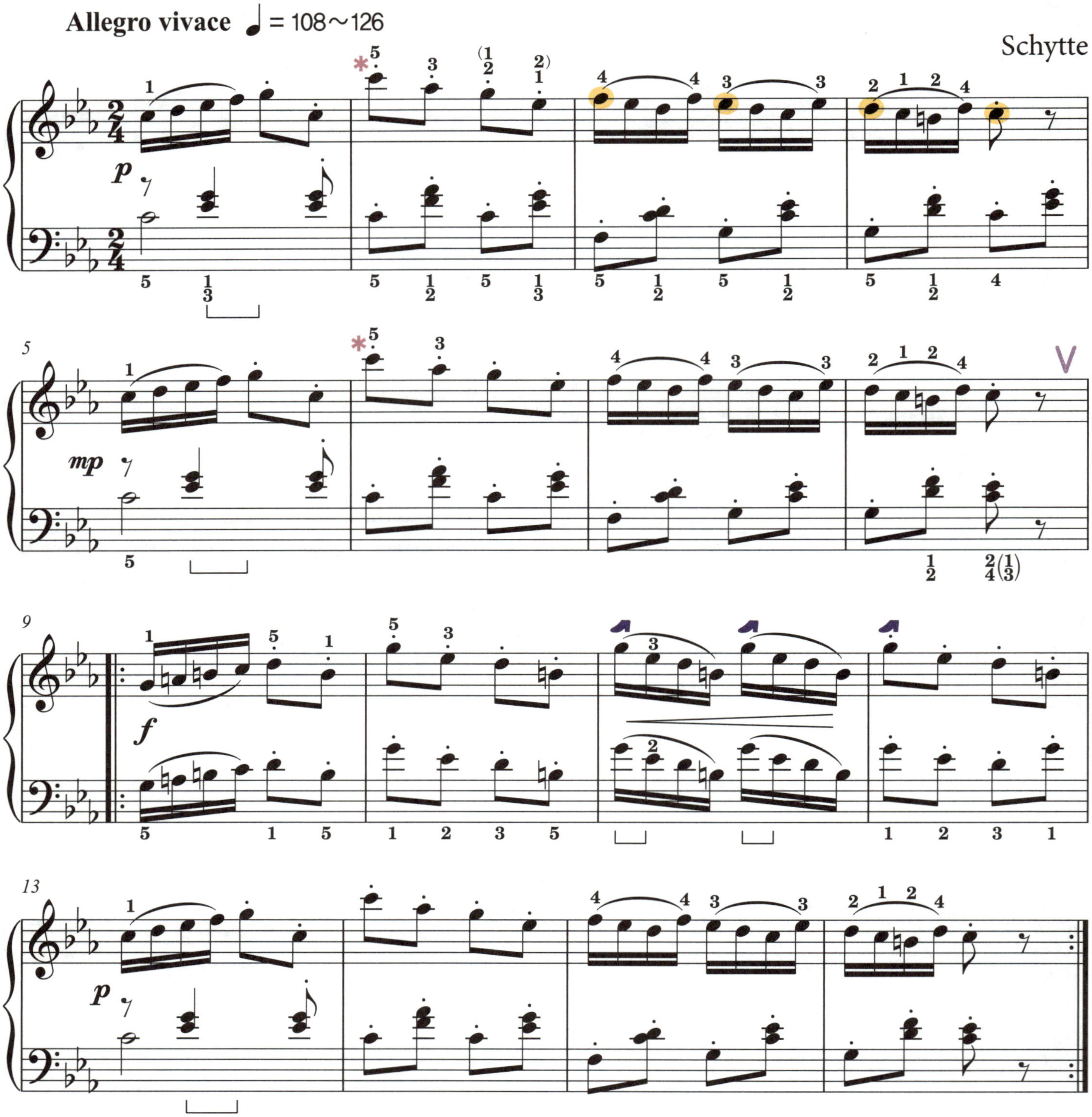

**Allegro vivace** ♩ = 108〜126

Schytte

🌸 **셀프 체크**  **아티큘레이션**(레가토와 스타카토)의 대조를 잘 살려서 연습했습니다. ☐

**Level 22**를 성공적으로 (PASS) 했습니다. ______________



(선생님 서명)

# Level 23

## Hanon Scale

반음계 스케일 연습

## Étude & Repertoire

Berens Op.79, No.19  C장조

Köhler Polka Op.300, No.160  G장조

# ❶ Étude Op.79, No.19  C장조

🌰 고르게 상행하는 반음계, 목표음을 향해 한 호흡으로 전진, 오프 터치 스타카토

***** 반음계 핑거링: '흰-흰' 건반이 나올 때는 1-2번으로. 손 모으고 손끝 단단하게!

Hermann Berens 원곡
(1826-1880)

🌱 **셀프 체크**  손가락 번호를 지켰고, **손을 모아** 손가락 간의 거리를 좁혔습니다.  ☐ ________

54

## ② **Hanon** 반음계 스케일

검은 건반은 양손 모두 3번 손가락으로!

60  108

셀프 체크   한 손씩 단단한 손끝으로 느린 연습부터 했습니다. ☐

엄지와 3번 손가락의 거리를 **가까이** 유지했습니다. ☐

# ③ Chromatic Polka 

반음계의 크레센도, 가벼운 꾸밈음, *폴카 리듬, 섬세한 아티큘레이션(레가토, 스타카토, 악센트)

Louis Köhler 원곡
(1820-1886)

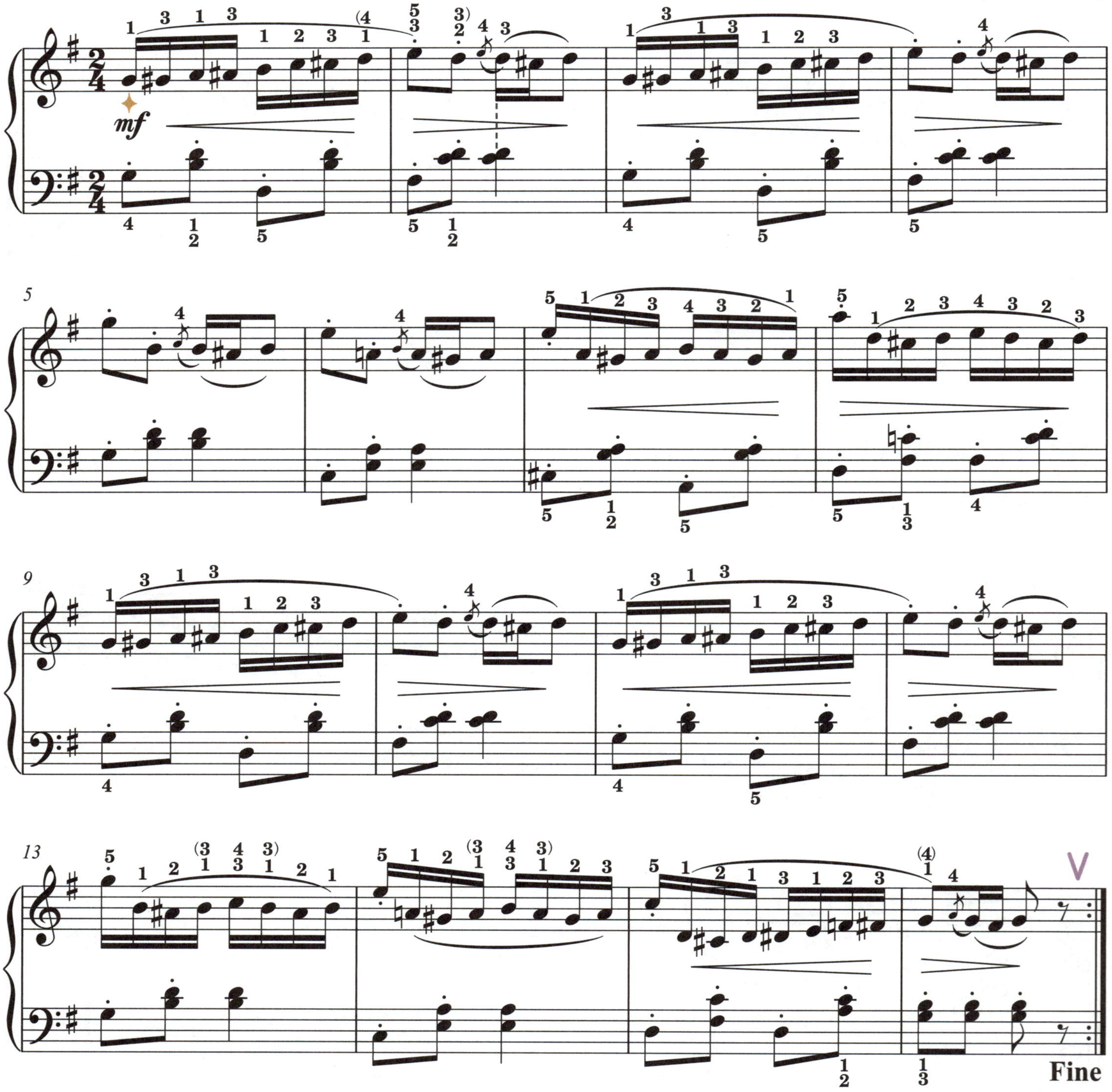

**Allegro moderato** ♩ = 108∼120

*폴카: 활기찬 2박자의 보헤미아 춤곡. 주로 8분음표로 반주

🍀 **셀프 체크** 강박에 반동을 주며 왼손 연습을 충분히 했습니다. ☐

오른손 ①-② 와 같은 부분을 모두 찾아 반음계 연습을 했습니다. ☐

56

셀프 체크  왼손 down-up을 생각하며 리듬과 아티큘레이션을 살렸습니다.  ☐

29 – 32 다이내믹을 지켜 오른손 부분연습을 했습니다.  ☐

**Level 23**을 성공적으로 (PASS) 했습니다. ______________

(선생님 서명)

## Hanon Scale

E장조 – C#단조 스케일 연습

Ab장조 – F단조 스케일 연습

B장조 – G#단조 스케일 연습

Db장조 – Bb단조 스케일 연습

Gb장조 – Eb단조 스케일 연습

## Étude & Repertoire

Schytte Op.95, No.1   A단조 – E장조 – A단조

Schytte Op.68, No.11   F단조

# ❶ Hanon E장조 스케일

A장조보다 **5도 위**! 5도씩 올라갈 때마다 ♯이 늘어납니다.

* 양손 3번 손가락이 계속 만나는 음계

Level 24

# ❷ C♯단조 화성단음계 (E장조와 나란한 조)

💙 **셀프 체크** 손가락 번호를 지켰고 흰 건반과 검은 건반 간의 거리를 좁혔습니다. ☐ _______________

# ③ Étude Op.95, No.1 '트롤의 춤'

A단조 - E장조 - A단조

🌱 스타카토의 방향, 겹음의 보이싱, 다이내믹의 대조, 세 음 슬러의 다운-업

✳ **전진하는 스타카토:** 높은 음을 향해 손가락이 건반에서 행군하듯이!

Moderato ♩ = 84~96

Schytte

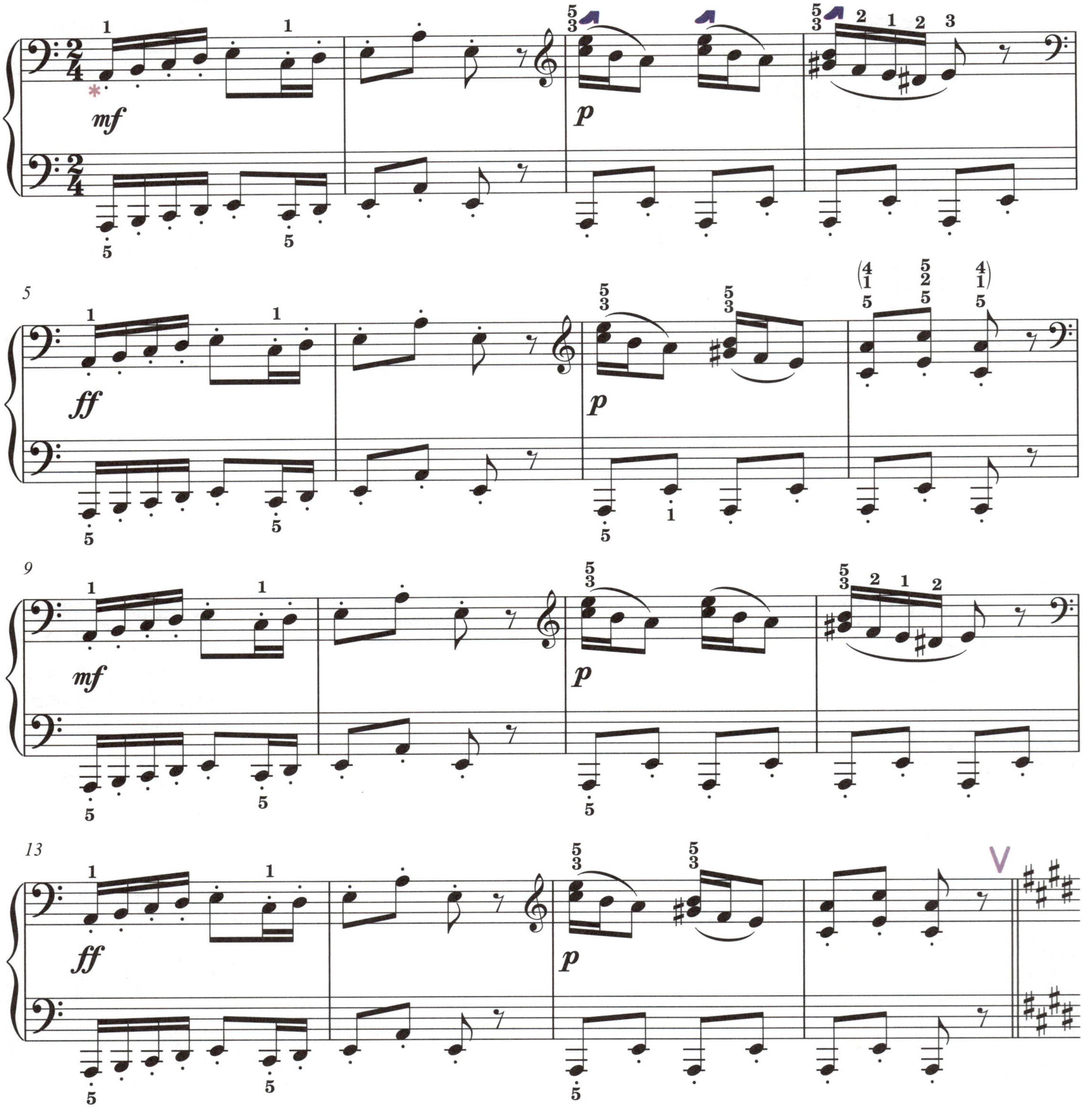

🌼 **셀프 체크** ☐1 - ☐2 를 레가토로 먼저 연습했습니다. 무게를 실어 행군하듯이!

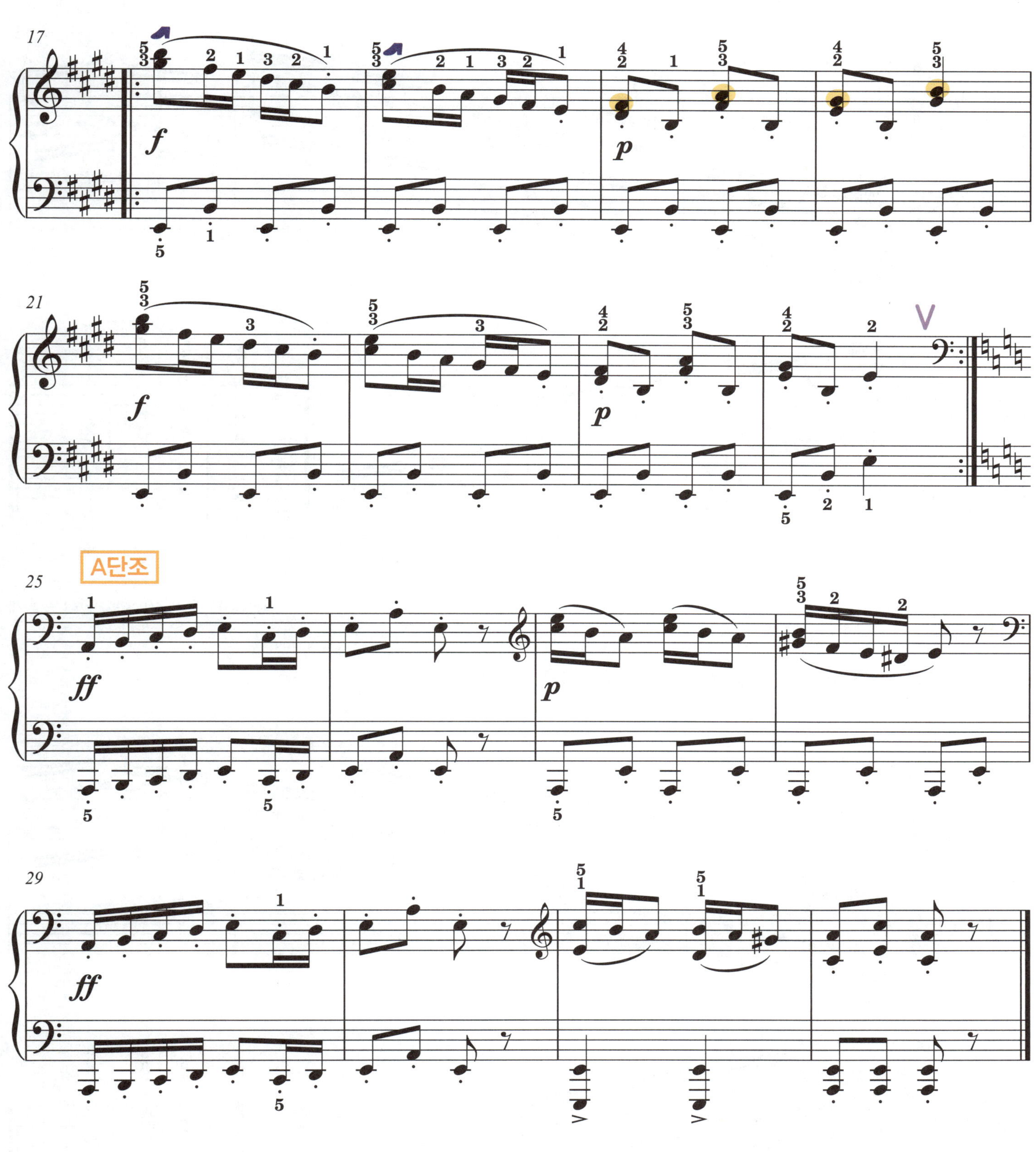
E장조
A단조
Level 24

셀프 체크  17  화음에 반동을 주며 5번    이 일어났습니다.

19  윗소리를 살리고 엄지를 가볍게 했습니다.

## ④ **Hanon** A♭장조 스케일

E♭장조의 **5도 아래!** 5도씩 내려갈 때마다 ♭이 늘어납니다.

* 양손 3번 손가락이 계속 만나는 음계

## ⑤ **F단조 화성단음계** (A♭장조와 나란한 조)

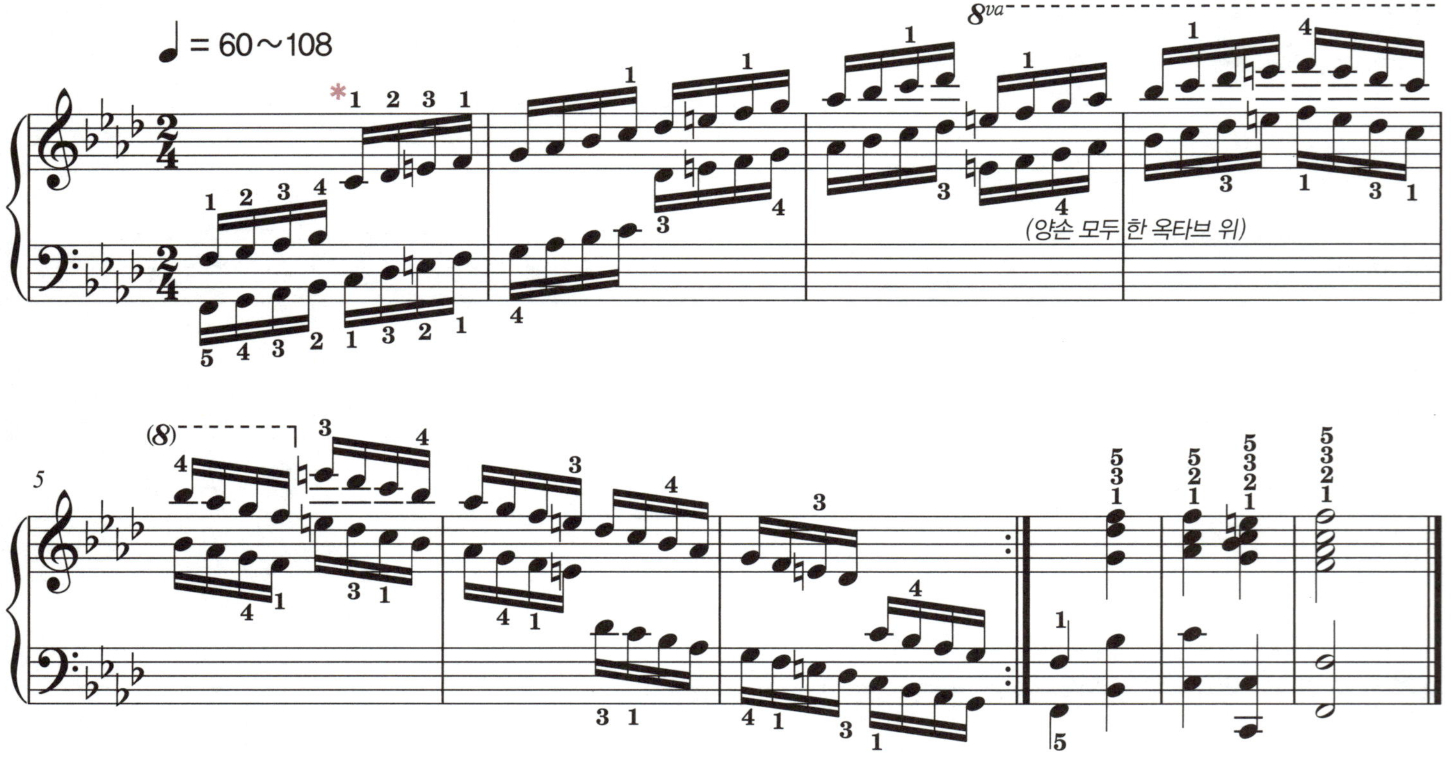


* 양손 엄지가 계속 만나는 음계

연주 영상

연주회용 에튀드

# 6 Étude Op.68, No.11 F단조

양손의 밸런스, 로테이션으로 쐐기음형 보이싱, 왼손 대선율 프레이징, 다이내믹 순발력

Agitato (빠르고 격렬하게) ♩. = 72～80

Schytte 원곡

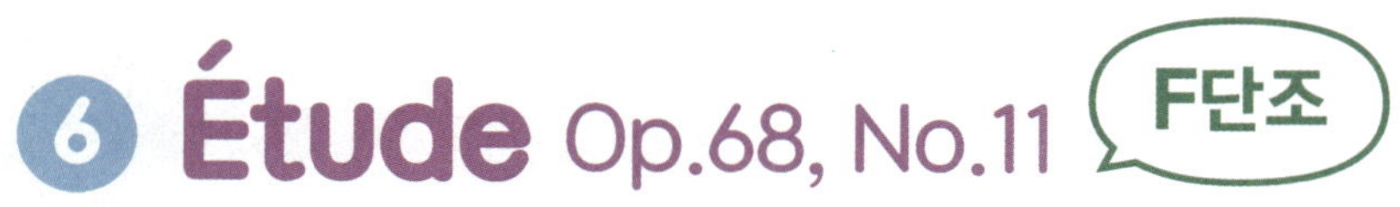

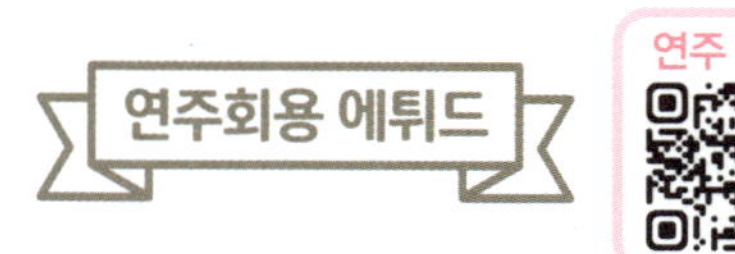

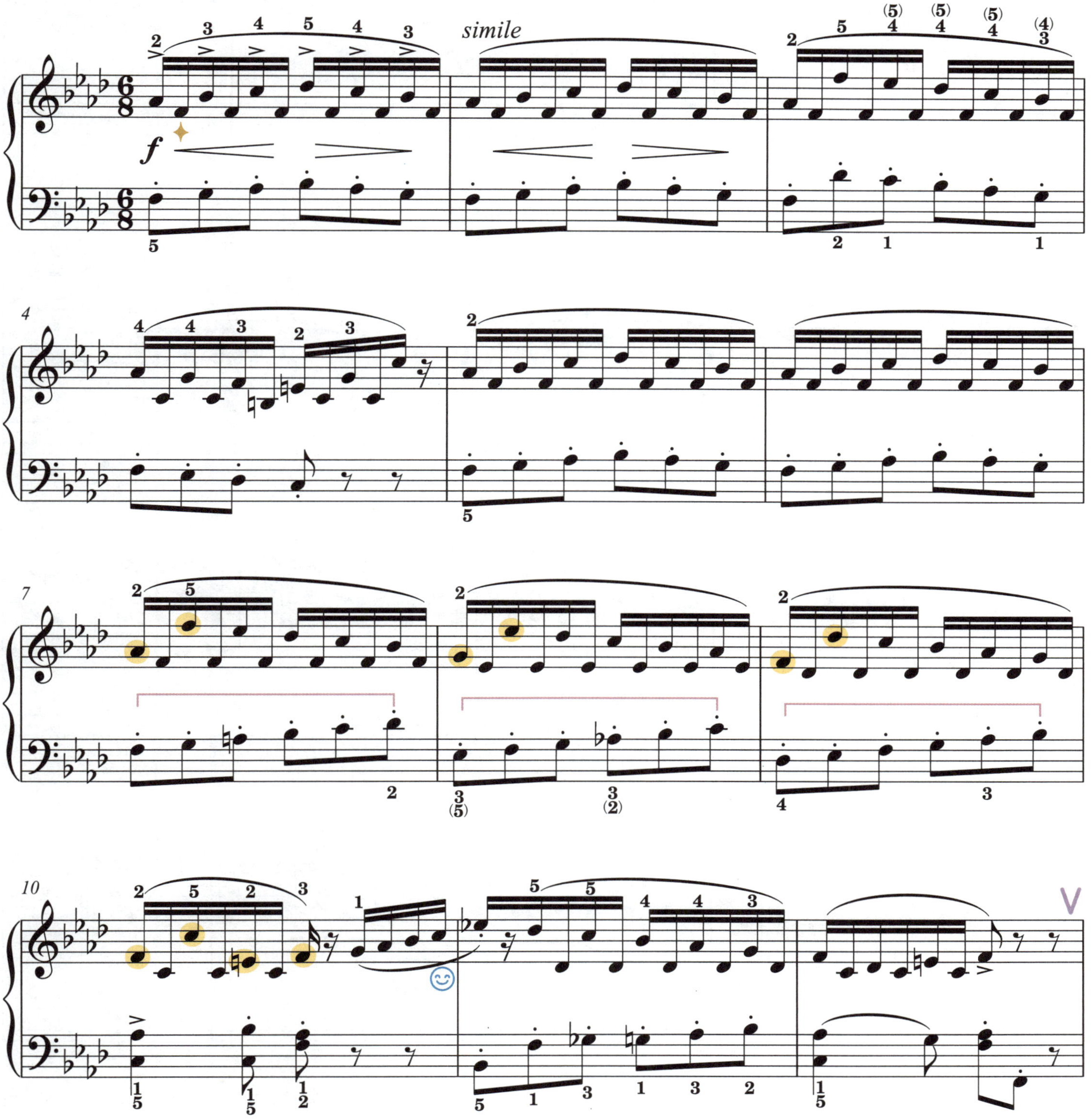


Level 24

**셀프 체크** 쐐기음형에서 악센트 쪽으로 **잡아당기듯 로테이션** 했습니다. ☐

왼손은 먼저 **레가토 연습**으로 프레이즈의 흐름을 파악했습니다. ☐

* 27 왼손과 오른손이 겹치는 부분은 왼손을 살짝 떼주기

셀프 체크  **다이내믹의 대조**를 살리기 위해 쉼표에서 미리 준비했습니다. ☐

13 – 25 각 마디의 오른손 첫 화음은 튀어오르며 이동했습니다. ☐

셀프 체크  63쪽을 참고하여 필요한 손가락 번호를 표시했습니다.

잘 안되는 곳을 체크하여 부분연습을 했습니다.

## ⑦ B장조 스케일

E장조보다 **5도 위**! E장조의 **딸림조**입니다.

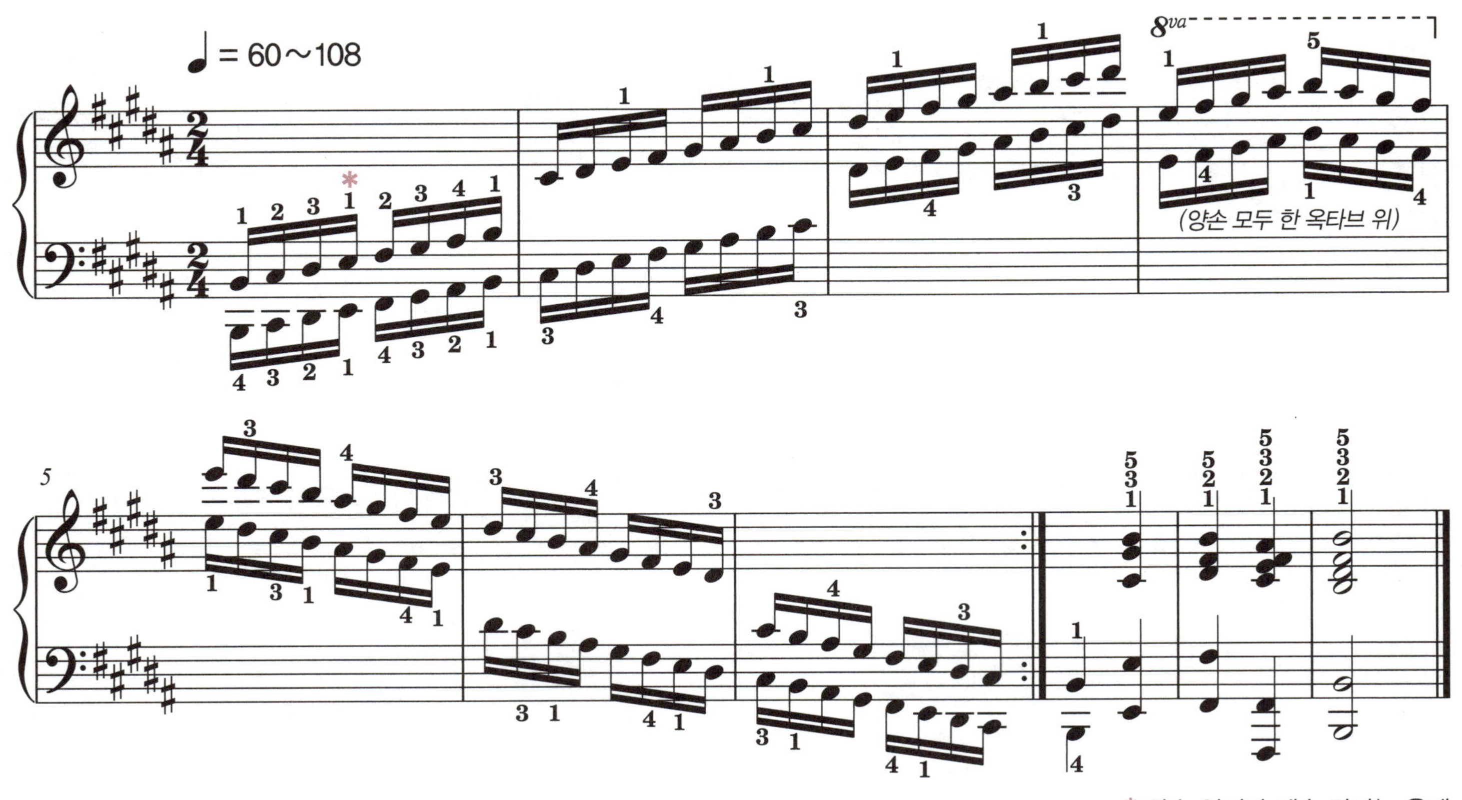


***** 양손 엄지가 계속 만나는 음계

## ⑧ G♯단조 화성단음계 (B장조와 나란한 조)

*** ✕더블샵(♯♯): 온음을 올려줍니다. F✕ = G♮**

## ⑨ D♭장조 스케일

A♭장조의 **5도 아래**! A♭장조의 **버금딸림조**입니다.

* 양손 엄지가 계속 만나는 음계

Level 24

## ⑩ B♭단조 화성단음계 (D♭장조와 나란한 조)

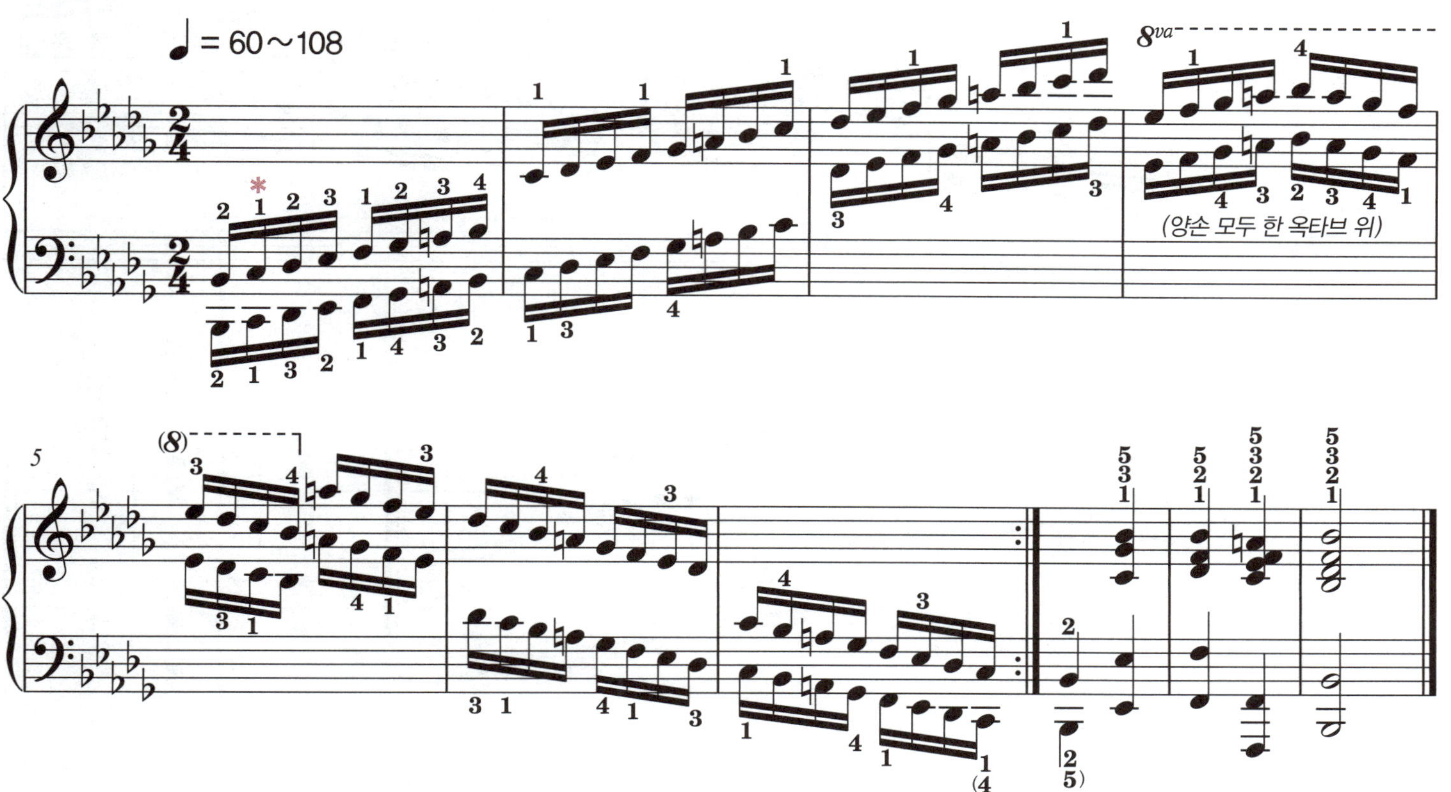

## ⑪ G♭장조 스케일

**딴이름 한소리**: F♯장조 스케일과 동일한 건반을 칩니다.

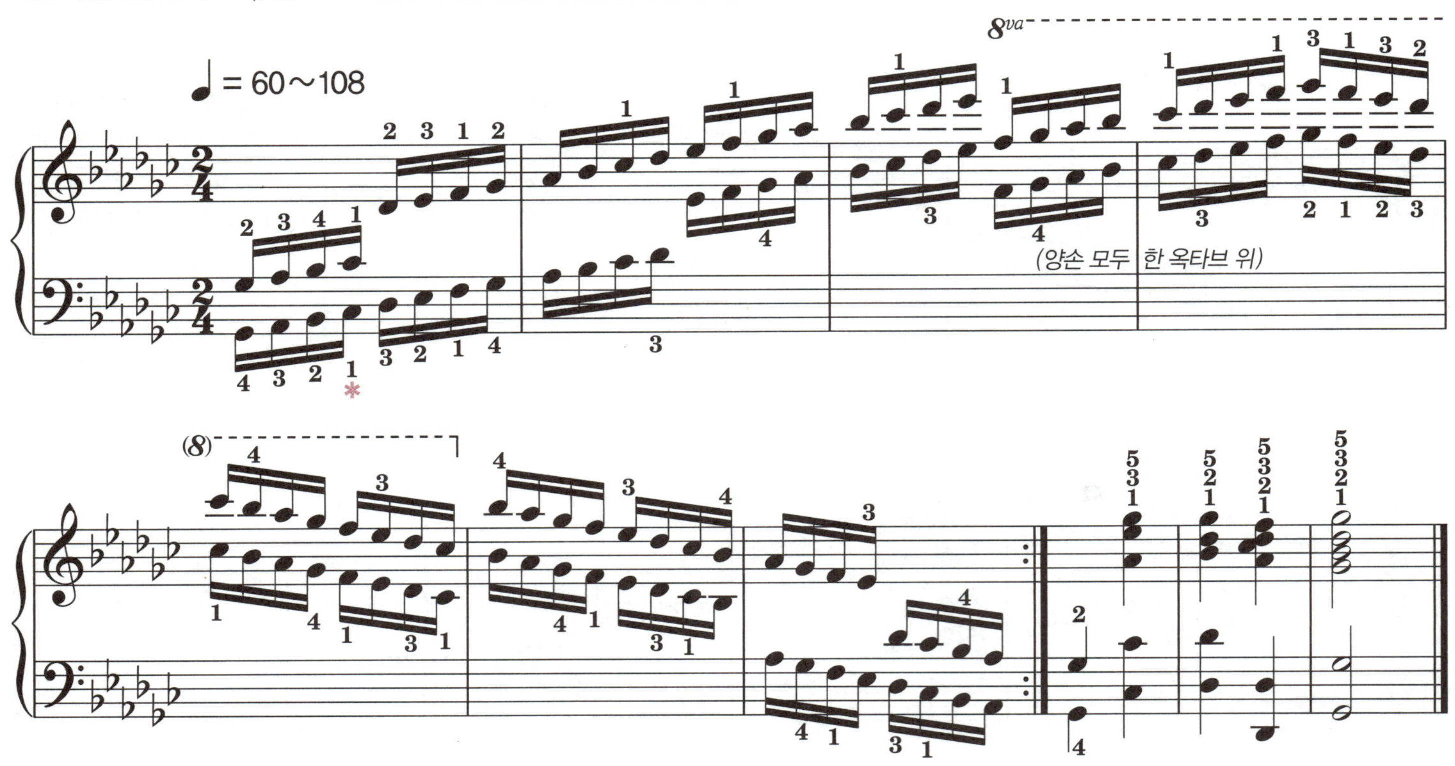


***** 양손 엄지가 계속 만나는 음계

## ⑫ E♭단조 화성단음계 (G♭장조와 나란한 조)

D♯단조와 **딴이름 한소리**: E♭ = D♯

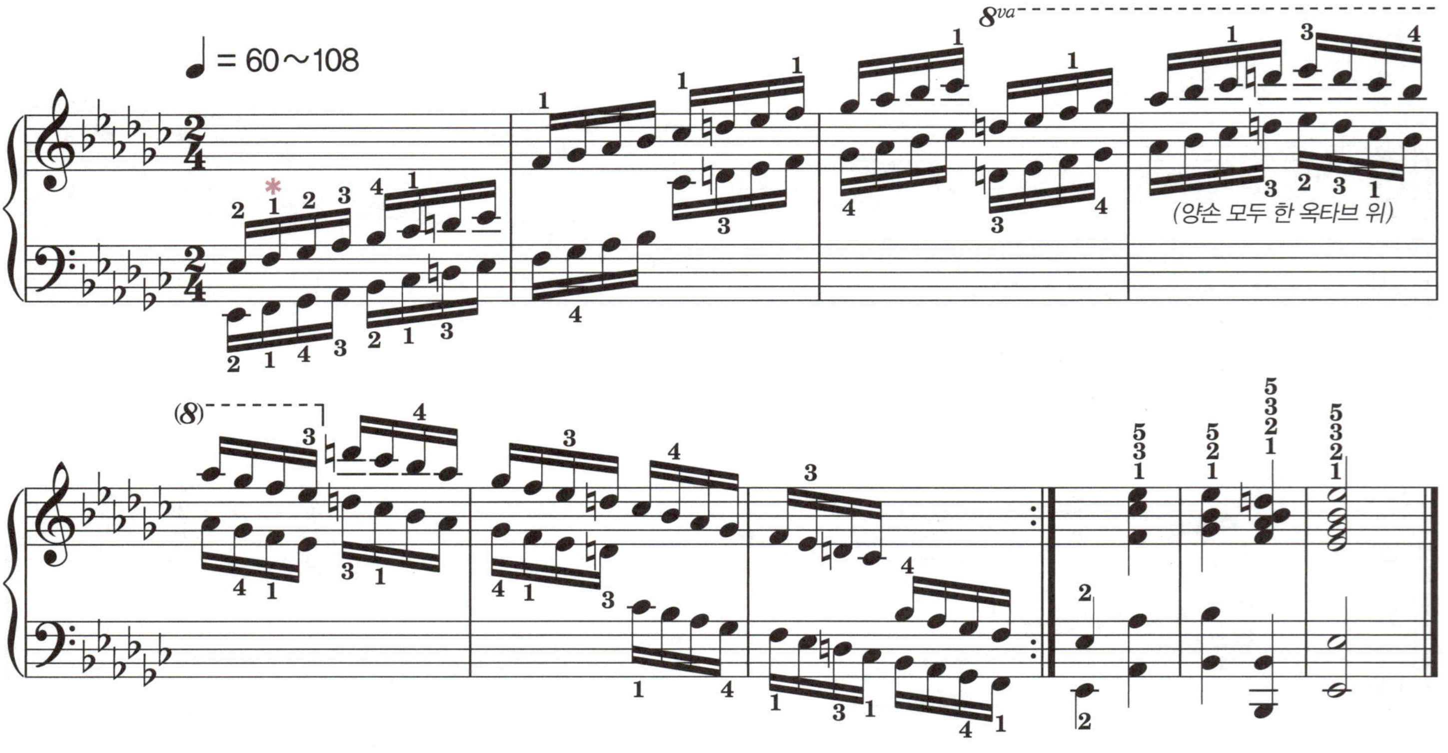


**Level 24**를 성공적으로 (PASS) 했습니다. _______________

(선생님 서명)

# Certificate

Name
_______________________________

**Technique School** 3권을 성공적으로 수료했습니다.

전 조성의 스케일과 반음계를 연마했고, 에튀드와 레퍼토리를 통해

수준 높은 테크닉을 갖추었으므로 이 증서를 수여합니다.

Date _______________     Teacher _______________

세광음악출판사

# Technique School Report

| Section | 향상됨 | 매우 향상됨 |
| --- | --- | --- |
| **Posture**   바른 자세 | | |
| **Hand Shape**   손 모양 조정 능력 | | |
| **Relaxation**   손, 팔, 어깨 릴랙스 | | |
| **Rotation**   바운스와 로테이션 | | |
| **Rhythm**   일정한 박과 리듬 | | |
| **Tone**   아름다운 음색 | | |
| **Dynamic**   음악적인 셈여림 | | |
| **Reading**   분석적 독보력 | | |
| **Voicing**   보이싱과 밸런스 | | |
| **Phrasing**   프레이즈와 호흡 | | |
| **Articulation**   아티큘레이션 표현 | | |
| **Tempo**   단계별 템포로 연습 | | |

## Comments

_______________________________________________

Date _______________________   Teacher _______________________

## 강효정

· 경희대학교 및 동 대학원 졸업 (피아노 전공)

· 영국 Trinity College of Music 석사 (음악교육학, 피아노 페다고지 전공)

· 《피아노 아카데미아》, 《피아노 마에스트로》, 《소나티나 컬렉션》,
  《예술융합교육 Smart 8》, 《행복한 예술태교》 저자

· 현) 세광음악출판사 교육연구소 소장
  한국예술융합교육학회 이사, 한국달크로즈학회 이사
  명지대 문화예술대학원 피아노 페다고지학과, 숭실대 교육대학원 융합영재교육학과 겸임교수

## 테크닉 스쿨 3


**발 행 인**  박현수

**발 행 처**  세광음악출판사 | 서울특별시 용산구 만리재로 178
Tel. 02) 702 – 0924~5 (내용 문의)   Fax. 02) 715 – 1272   https://www.sekwangmall.co.kr

**편 집 진**  **집필·편곡** 강효정
**편집** 박은미·김나원
**디자인** 이현정

**피 아 노**  김세훈

**감    수**  최수빈

**공 급 처**  (주)세광아트   Tel. 02) 719 – 2651   Fax. 02) 719 – 2191

**등록번호**  제 3 – 108호 (1953. 2. 12)     **인쇄일**  2024. 8

**ISBN**  978 – 89 – 03 – 32570 – 3     93670



© 2024 세광음악출판사
이 책의 내용 및 음원을 무단 복제·복사할 수 없습니다 (파본은 교환해 드립니다).

이 책에 수록된 일부 곡은 자사의 상당한 노력에도 불구하고 저작자를 찾지 못하였습니다.
저작자 또는 저작물에 대한 권리를 가진 대리자께서 연락 주시면, 저작권법 및 저작자 권리단체의 규정에 따라 조치하겠습니다.


피아노 교사들을 위한 모든 것!  **네이버 카페**  세광교육연구소